日本で最初の盲・唖教育が行われた上京十九組小学校の様子。写真は同校の校名が待賢尋常小学校に変更された後の 1887（明治 20）年以降のもの

現在、創設の地である旧待賢校の近くに建つ「日本盲唖教育発祥之地」石碑

東京盲唖学校校長・小西信八（左）、私立大阪盲唖院長（当時）・古河太四郎（中央）、京都市立盲唖院第二代院長・鳥居嘉三郎（右）。1906（明治39）年撮影

盲唖教育を古河太四郎に提案した上京第十九区長・熊谷伝兵衛

京都盲唖院での鍼按の授業風景。1903（明治36）年以前の撮影とみられる

京都盲唖院における文字教育の一場面を描写した『盲生背書之図』。生徒の背中や掌に指で書いて文字の形や意味や使い方を教えた

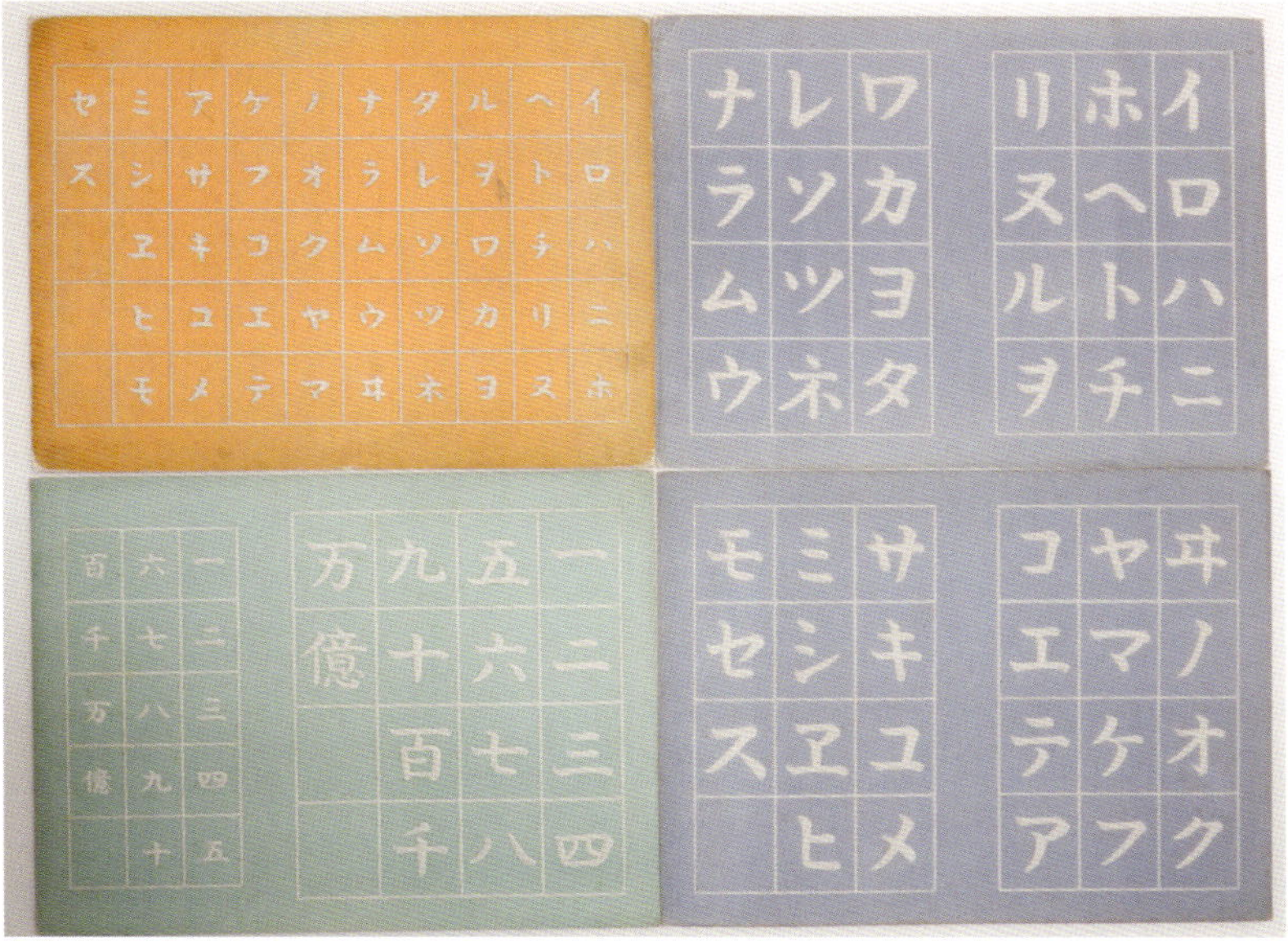

文字学習用のカード式の紙製凸字。大蔵省印刷局製造

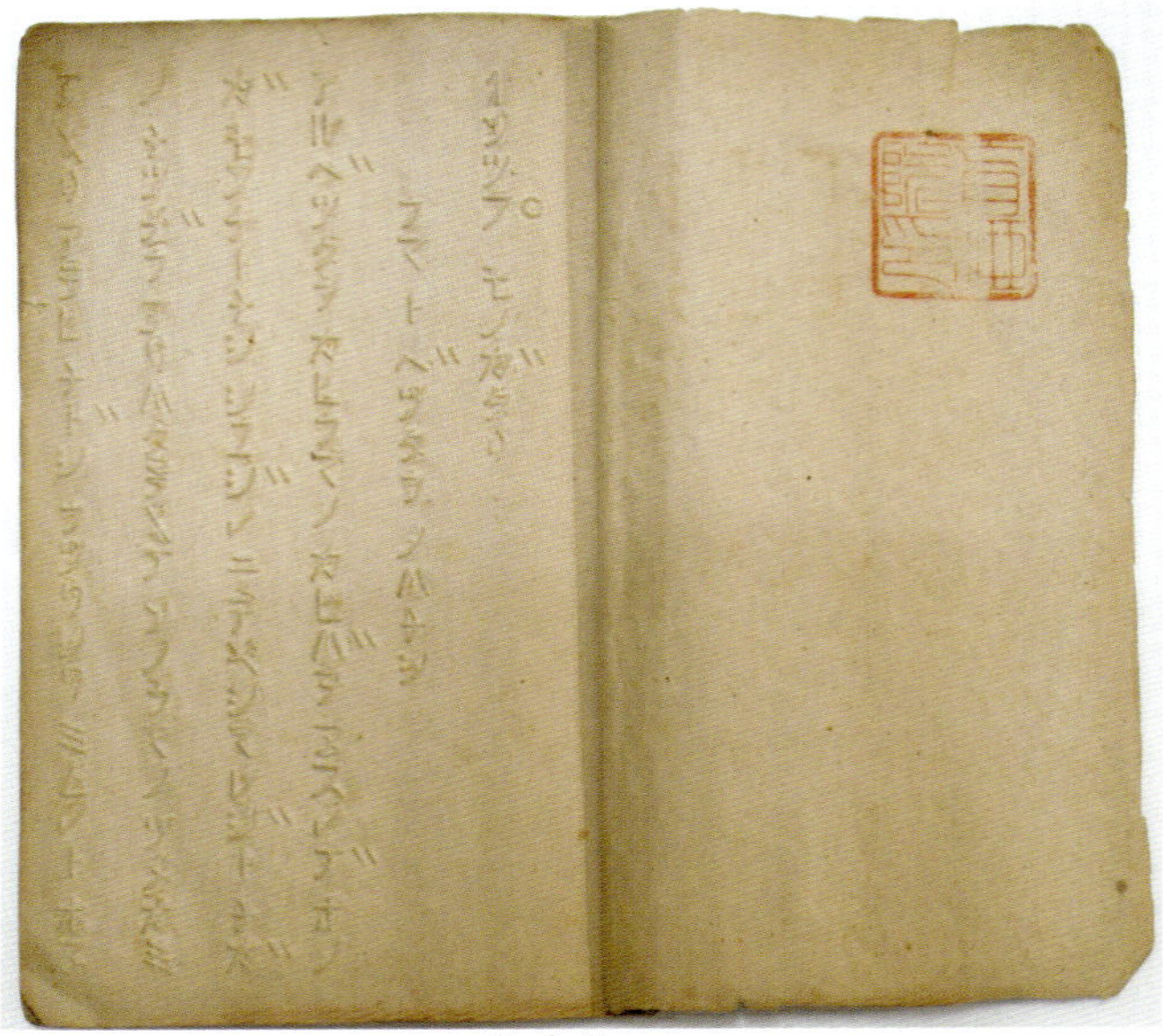

凸字で書かれた読み物『伊《い》蘇《そ》普《ほ》物語』の最初のページ

盲人用算木。凹んだ線を刻むことで数を触知できた。木枠に並べて計算を行った

京都府立盲学校資料室に展示されている琵琶・箏などの楽器類とレリーフ地球儀（右端）

白墨地球儀。重要文化財指定のための調査の過程で名称・用途が判明した

「盲生遊戯図」より、盲生の歩行訓練の様子を描いた「方向感覚渦線場」の図

「盲生遊戯図」より、音を聞き分けながら投げる練習を楽しく行う「打毬聴音場」の図

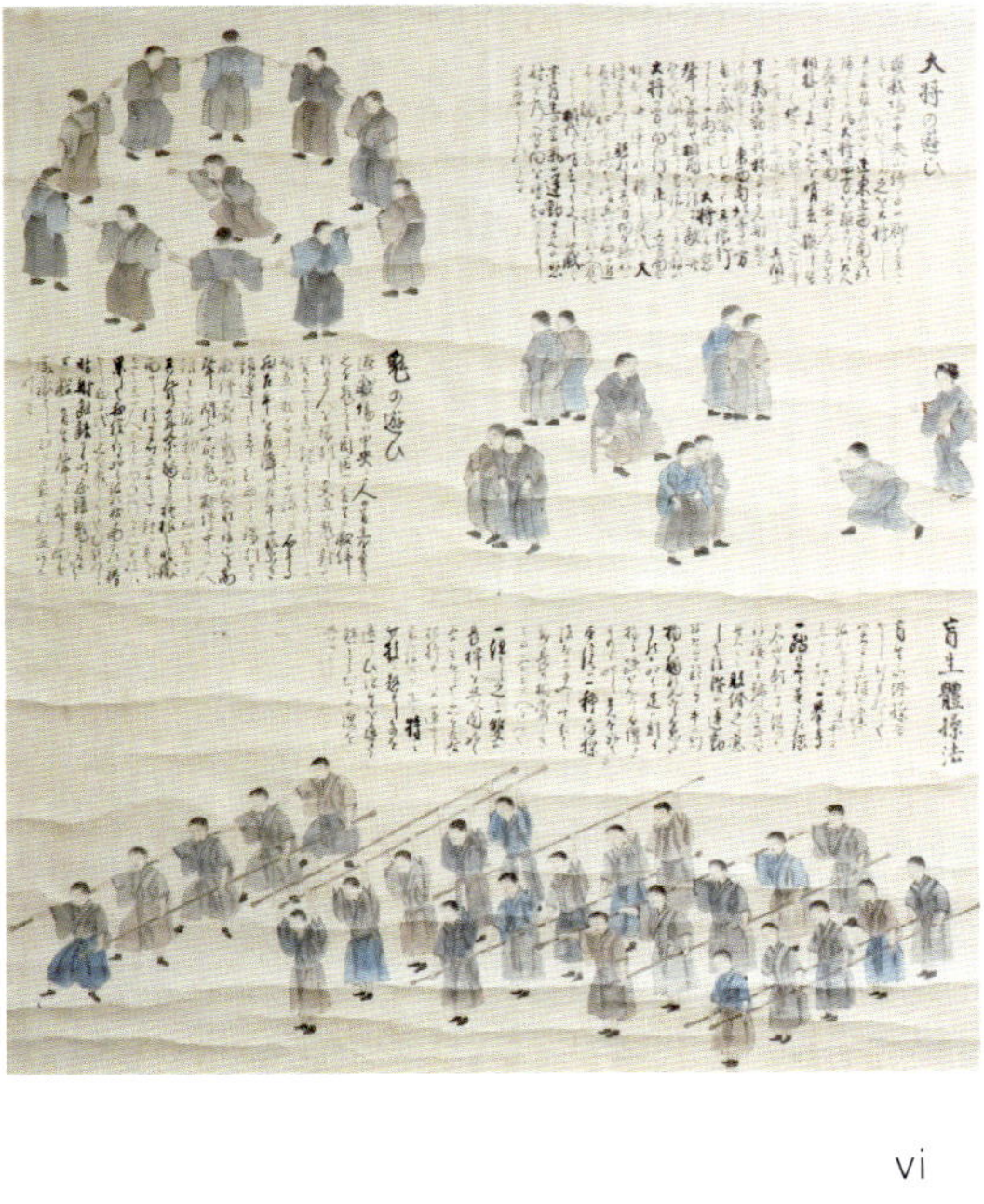

「盲生遊戯 并 体操図」。運動不足になりがちな盲生に実践された遊戯法・体操法が描かれている

盲生の職業訓練として行われた紙撚細工の作品

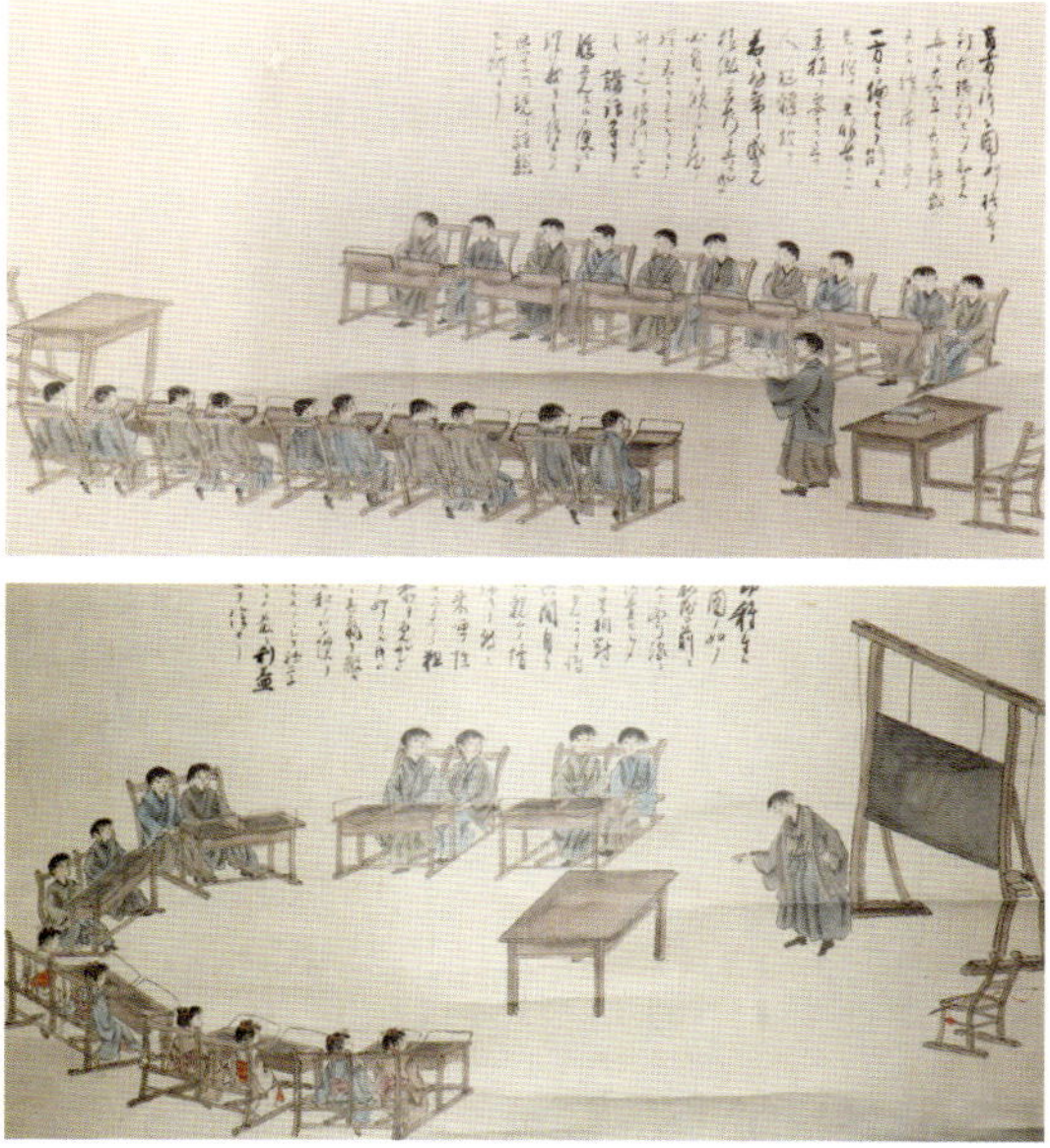

「盲唖教場椅卓整列図」に示された、盲生（上）と幼稚生（下）の教室の机配置。

上は95マス×2行の長い点字定規、下は左から、京盲同窓会が製造販売した国産第一号の点字タイプライターであるアイデアルブレイルライター、毎日新聞社が作製した模擬点字投票用の点字器、紙押さえも木製の古い点字器

京都市立盲唖院で学んだ唖生の絵画作品。児玉兌三郎（渓堂）「盲唖院校舎図」（上）、岡元次（藤園）「山茶花とメジロ図」（左）

岸 博実

視覚障害教育の源流をたどる

京都盲唖院モノがたり

明石書店

はじめに――重要文化財に指定された〈京都盲啞院関係資料〉

京都盲啞院、現在の京都府立盲学校・同聾学校は、一八七八（明治一一）年に古河太四郎《ふるかわたしろう》らによって創立され、翌年正式に京都府立となった。それは視覚あるいは聴覚に障害のある子どものための日本で最初の学校と位置づけられる。二年後に、東京で楽善会訓盲院が授業を開始し、一八八五（明治一八）年に官立の東京盲啞学校（現在の筑波大学附属視覚特別支援学校および同聴覚特別支援学校）となる。この二校は東西のいわば拠点校として、我が国の盲教育の牽引力となることが期待されてきた。

京都盲啞院は、一八八九（明治二二）年に京都市立となり、一九二五（大正一四）年に盲学校と聾啞学校の二校に分離した。その後、一九三一（昭和六）年、京都府立に戻って現在に至っている。二〇〇七（平成一九）年に特別支援教育制度が実施されてからも、京都府条例で「京都府立盲学校」「京都府立聾学校」という校名を維持している。

京都府立盲学校には、一四〇年におよぶ盲・ろう教育史を彩る収蔵品を擁する資料室がある。およそ四八平方メートルのその部屋には、公文書、教材・教具・教科書、視覚障害教育関係の書籍、点字新聞、写真・フィルム、レコードなど、多岐にわたる資料が保管されている。一九九〇（平成二）年には、そのうち七〇〇余点が京都府の有形文化財に指定された。これらは、日本の視覚障害教育の歩みを明らかにするうえで欠かせない第一級の資料として盲教育史に取り組む研究者たちに活用されてきた。資料群には、江戸時代の鍼灸《しんきゅう》・邦楽・当道座《とうどうざ》・文法などに関する古文書までを含み、全体として、福祉史、医学史、芸能史、文化史など幅広い観点からの検討にも役立つものでもある。

学校資料の保存という視点で考えると、創立準備期と創業以降、京都市への移管と京都府への復帰、盲・唖併設からの分離、二度にわたる移転や校地・分校の増設、明治・大正・昭和の各時代に行われた校舎の新改築、校内組織や運営の改編など、さまざまな節目が引き金となって「資料の処分」があっても不思議ではなかった。全国の盲学校史をひもとけば、大きな震災や戦時中の空襲被害、あるいは火災や洪水によって惜しくも貴重な資料が失われた例もある。

しかし、京都はそうしたもろもろの原因による資料の大量喪失に遭遇せずに推移し、さらに歴代の教職員がこの「日本で最初の盲唖院」に関する資料の保存や活用に対する情熱を保ち続けてきたことによって、近現代日本の視覚障害教育史を把握・検証・伝承していくうえでかけがえのない「京都盲唖院関係資料」を確保し続けることができた。

明治期の校舎配置図にはすでに「参考室／標本室」と名付けられた一室があって、大正期に「教育器械陳列室」と「参考室」が登場している。生徒用の教材や標本と教員用の書籍や教具などを収蔵したようだ。

戦後、日々利用する教具などとの仕分けをする発想が生まれ、一九五五（昭和三〇）年頃に、歴史的な文書や教具・作品を中心にした「資料室」を独立させた。一九七八年の創立一〇〇周年に際しては、資料展示や『京都府盲聾教育百年史』の編纂がこの部屋の史資料に依拠して準備された。

二一世紀に入り、京都市学校歴史博物館による「京都盲唖院発！ 障害のある子どもたちの教育の源流」展（二〇〇八年）や国立民族学博物館の『点天展』（二〇〇九年）をきっかけに注目度が高まり、見学者が急増してきた。研究者の関心も、狭い意味の視覚障害教育分野だけでなく、凸字聖書の歴史・点字の歴史・手話の歴史・建築史・刺繡史・地図史・地球儀史などにも広がり、他府県の盲学校からの修学旅行生による見学、教員・ボランティアの研修、マスコミからの取材も相次いでいる。

そうした折も折、文化庁文化審議会が、二〇一八（平成三〇）年三月九日に京都府立盲学校と同聾学校が所蔵する「京都盲唖院関係資料」一括三千点を国の重要文化財に指定する答申を発表し、同年一〇月三一日の政府官報の告示によりその指定が確定した。その内訳は、文書・記録類一一五三点、教材・教具類一九三点、典籍・教科書類一二五三点、凸字・点字資料二二一点、生徒作品八四点、書跡・器物類六四点、写真・映画フィルム三二点である。

近現代の教育分野としては、東京大学、東京書籍株式会社附設教科書図書館に次ぐ三件目、大学以外の公立学校としては初めての重要文化財指定である。これは、盲学校史だけでなく、近代日本の教育史を巡っても画期的なできごとと思える。

資料室は二〇一八年に、陳列・展示する部屋と所蔵庫の二室方式に移行し、断熱措置やLED照明の設備と可動式書架の導入などが叶った。これらは、関係者のご寄付によって実現した。資料の保存は、教職員だけでなく、同窓生などの尊い熱意と助力にも支えられている。

京都盲唖院を創設し、近代日本における視覚障害教育・聴覚障害教育の黎明期をリードした古河太四郎などの創造した教材群は、それを生み出した母なる現場にあることによって本来の力を発揮する。木や紙でできた凸字や点字書籍などは、いまここで学ぶ児童生徒が直接手にとっていきいきと学ぶことのできる素材でもあり、かけがえのない潜在力を備えていて、活かし方次第で輝きを増す底力に満ちている。

京都府立盲学校は、文書のデジタル化、保存・修復、触覚などを通して観賞していただくためのレプリカ作製、ガイド活動などに努め始めている。来室者が増すにつれて、視覚に障害のある人もない人も共に学べ・楽しめる資料室づくりへの期待が高まってきた。資料へのアクセスにおけるバリアフリー化も求められている。特別支援教育への移行に伴って、この特別支援教育の源流を訪ね、学び直そうという機運が高まっているいま、京都府立盲学校と同聾学校が所蔵する資料の担う役割は大きい。

「京都盲啞院関係資料」群を「宝石」にたとえるとすれば、その宝石たちを収めた「48㎡の宝箱」の蓋を開けて本書で広くご紹介できる喜びには限りがない。国民の共有財産としてのそれらの価値を多くの方と共有したい。

「見えないことをこんなに深くとらえた先人がいたんですね」

「あーっ、この工夫ひとつでとても勉強しやすくなっていますね」

「一四〇年も前にユニバーサルデザインに似た発想があったんだ！」

「この方法、私もわが子にやってみたことがあります！」

京都府立盲学校の資料室に訪れた方々にそう語らせた「宝石」の魅力を、読者の皆さまにも味わっていただきたい。

第1章では、古河太四郎の人間像に触れ、いくつかの柱を立てて盲教育史をなぞって、個々の「宝石」に出会うための補助線とする。第2章が「主な重要文化財についての解説」編となる。第3章では「資料から何を学び、今後にどう活かすか」を考える。できるだけ平易に、文字だけでもイメージが伝わるよう心掛けるが、リアルさを醸すための写真も添えた。

視覚障害教育の源流をたどる

京都盲唖院モノがたり

目次

はじめに――重要文化財に指定された〈京都盲唖院関係資料〉　3

第1章　盲教育のはじまり　13
京都盲唖院と古河太四郎・鳥居嘉三郎の時代

「日本最初盲唖院」とは？　14
近代日本で最初の盲学校　16
なぜ、京都で？　18
古河太四郎の発起と教育観・障害観　21
古河太四郎の学校づくりと教材開発　23
第二代院長・鳥居嘉三郎の時代　30

第2章　京都盲唖院資料をよみとく　37

1　文字を知る――点字以前　38
盲生背書之図　38／木刻凹凸文字　42／知足院の七十二例法　46／
紙製凸字　50／盲目児童凸文字習書　54／蠟盤文字　60／
自書自感器　64／表裏同画記得文字　68／墨斗筆管　72

2 読み書き 76
凸字イソップ 76／凸字『療治之大概集』 80／
盲生鉛筆自書の奥義 84／盲生の鉛筆習字 88／訓盲雑誌 92

3 数を計る 96
盲人用算木 96／盲人用算盤 100／手算法 104／さいころ算盤 108／
マルチン氏計算器 112／テーラー式計算器 116

4 世界に触れる――地理 120
立体地球儀 120／凸形京町図 124／針跡地図ほか 128

5 力と技を身につける――体育・音楽・職業訓練 132
盲生遊戯図・体操図 132／オルガン 136／職業教育 140／按摩機 144

6 点字の導入 148
盲啞院への点字の導入 148／ステレオタイプメーカー 152／
ルイ・ブライユ石膏像 156

7 学校づくり 160
盲生教場椅卓整列図 160／ろう教育史料 164／

瞽盲社会史と検校杖　168／受恵函　172
第3章　盲唖院・盲学校が育んだ文化　177
これからの視覚障害教育に活かせる文化として　178
障害者の生きる社会を問う文化として　187
参考文献／関連拙稿　203
京都盲唖院関係資料 重要文化財指定番号一覧　204
あとがき　206
初出一覧　209

凡　例

・本文の引用箇所に付された〔　〕は筆者による注を表す。
・引用箇所の旧漢字は原則として現代漢字に改め、適宜ルビを振った。

第1章

盲教育のはじまり

京都盲唖院と古河太四郎・鳥居嘉三郎の時代

「日本最初盲唖院」とは？

京都盲唖院を指して「日本最初盲唖院」と書かれることがある。だが、校名として「日本最初盲唖院」と称した事実はない。では、「日本で最初にできた盲唖院」を縮めた一般名詞かというとそういうわけでもない。だが、重要文化財にも指定された扁額《へんがく》に「日本最初盲唖院」と確かに刻まれているのだ。

これは、創立時に京都府第二代知事であり、開業式にも参席した槇村正直《まきむらまさなお》が揮毫《きごう》した文字を分厚い板に彫って胡粉《ごふん》塗りしたものである。開業式において盲生や唖生が学習発表をする姿に涙したという槇村は、京都府に盲唖院があることをしきりに誇ったとされる。京都盲唖院が創立当初の仮校舎から自前の院舎に移ったのは一八七九（明治一二）年九月であった。『明治自十一年到十三年日誌』によれば、一八八〇年一〇月二三日に「今回知事殿より御染筆被成下候」とし、前々日にそれを木に彫刻する伺い書を学務課へ提出した旨である。槇村が揮毫し、盲唖院が扁額に仕立てたのだ。彫刻を請け負った業者名については、ほかならぬ扁額の裏面に刻まれ、「寺町四条下ル額師平居嘉兵衛」と読み取れる。

なお、日誌を意味する『日注簿』の一九〇三（明治三六）年春の記述に、創立二五周年を記念して『盲唖教育論』など四冊を発行したことを挙げ、とくに『盲唖教育論』は「日本ニ於ケル最初ノ発行ニシテ日本最初盲唖院ノ名ニ背カサルコトヲ信スルナリ」と自負している。あくまでも校名ではないが、「日本で最初の盲唖院」を自任し、そうふるまおうとする意識があったのだと推測できる。

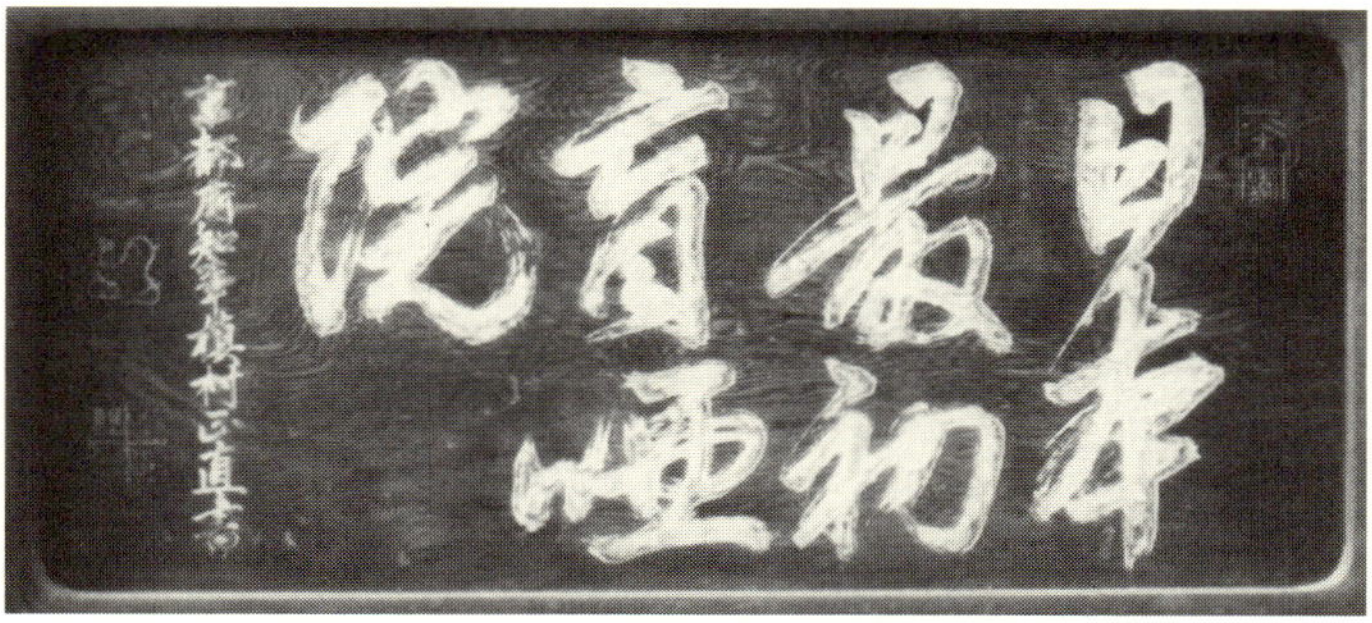

槇村正直京都府知事の揮毫による扁額「日本最初盲唖院」

槇村の揮毫になる扁額は、一九七九（昭和五四）年まで高等部木造校舎で、玄関車寄せの軒下に懸《か》けられていた。その後、鉄筋コンクリート造りへの建て替えにともなって校長室へ移され、二〇一八年からは資料室に掲出して閲覧に供している。なお、一九九八年に創立一二〇年記念として、この扁額を模した石碑を建造し、高等部校舎前の創立者・古河太四郎像の隣に据えてある。

ちなみに、現在の古河太四郎胸像は石像であるが、もとは銅製であった。まだ京都府庁前に校舎があった一九二五（大正一四）年に京都市立盲学校と同聾唖学校の同窓会が共同で建立した。一九三七（昭和一二）年に府庁前から現校地への新築移転にともなってその像も移された。しかし、一九四三年、戦時下に金属供出の対象とされねばならなかった。供出される恩師の銅像を見送る式典の祭文なども残っている。戦後、像を再建するにあたって同窓会は「もしまたという事態が生じたとしても、金属でなく石にしておけば、懐かしい恩師の姿を再び失うことにならないだろう」と考えた。

近代日本で最初の盲学校

「世界で最初の盲教育機関」はどこであったか。これについては、一七八四年にヴァランタン・アユイがパリに開いた訓盲院が嚆矢《こうし》だとするのが通説である。しかし、実際には、一六九三年に盲人・杉山《すぎやま》和《わ》一《いち》検校《けんぎょう》が江戸で始めた「杉山流鍼治導引稽古所」（後の鍼治講習所）を無視すべきではなかろう。つまり、杉山和一の始めた施設が、世界でも、日本でも、最初の盲教育機関として誕生したのだ。「日本で最初の盲唖院」というくくり方も、正確には「盲教育とろう教育を併設した学校としては日本で最初のもの」という意味になる。あるいは、京都盲唖院の盲教育機能は「近代日本で最初の盲学校」と位置づけられ、同院のろう教育は「日本で最初のろう学校」にあたると言えよう。

では、「近代日本で最初の盲学校」として京都盲唖院が挙げられるのはなぜか。

明治維新の後、封建制の打破を図る政府は、一八七一（明治四）年に、中世以来の伝統を持つ盲人の職能団体である当道座を廃止した。これにより鍼治講習所も消失した。つまり、盲教育機関が廃絶したのである。同年、官僚であり、後に楽善会の中軸メンバーとなる山尾庸三《ようぞう》が「盲唖学校ヲ創設セラレンコトヲ乞フノ書」として、盲学校ならびにろう学校の設立を建白したが、ただちには実を結ばなかった。山尾は長州ファイブの一人としてイギリスに渡り、造船所でろう者に出会ったことなどをきっかけに盲・ろう教育の必要を痛感したという。かたや当道座の人々による模索もあったが結実はしなかった。一八七五年、宣教師フォールズ、医師ボルシャルト、中村正直、岸田吟香ら、キリスト教関係者による楽善会が訓盲院の創立を目指し始めた。一方、一八七六年には、盲人・熊谷実弥が東京麹町に私学として盲人学校を開いたものの一年ほどの短命に終わったとされる。

　こうした推移がある中、京都において、一八七三－七五（明治六－八）年に古河太四郎（一八四五－一九〇七）が「上京第十九組小学校（後の待賢《たいけん》小学校）瘖唖《いんあ》教場《きょうじょう》」で唖生の教育に着手し、遅くとも一八七七年には盲生への指導も開始した。その成果を京都市全域に及ぼすべく構想を描き始めた。

　同じ頃、遠山憲美が京都府宛に「盲唖訓《くん》瞽《こう》設立」を建議し、槇村知事も同意した。こうして、古河・遠山らと幅広い町衆および京都府が協力し合って産声を上げたのが「京都盲唖院」であった。一八七八（明治

京都府盲唖院の院長になった頃、
34 歳の古河太四郎（1879 年）

一二）年五月二四日である。その翌年には大阪府が大阪摸範（模範）盲唖学校を設置し、一八八〇年に楽善会訓盲院が授業を開始する。時間軸に沿ったこの経緯をもって、京都盲唖院の盲部門を「近代日本で最初の盲学校」とみなすのは妥当である。

なぜ、京都で？

京都府立盲学校の資料室を訪ねてくださる方は引きも切らない。訪問者の関心は多岐にわたるが、ある一つの問いが投げかけられる頻度が高い。

「日本で最初の盲学校が誕生したのが京都だったのはなぜ？」

この問いへの答えは、一言では尽くせないし、明確に掘り下げた文献も乏しい。学問としての検証は緻密に行われねばならないだろうが、おおよそ次のようにかいつまんで物語ることにしている。

①京都は、盲人にとっていわばメッカであった。中世以来の盲人組織たる当道座の中央本部「職屋敷」（清聚庵《せいじゅあん》）が四条通にほど近い佛光寺の北隣にあった。「我こそは」と位階昇進を求める全国各地の盲人たちがはるばると「職屋敷」に集まってきた。彼らの中には、鍼灸つまり医学と、箏《そう》・三絃《さんげん》つまり音楽芸術の達人たちが含まれていた。二つの分野で、高度な知識や技を身につけた盲人が輩出してきた事実を最もよく知る人の住む街として、「盲人の

発達可能性をよく知っていた」都市という性格が京都にあったと形容できるのではないか。盲唖院初期には、検校や勾当《こうとう》として邦楽に秀でた盲人たちが常勤・非常勤の教員として採用されてもいる。

②京都は、宗教都市でもあった。明治に入って廃仏毀釈《はいぶつきしゃく》の荒波も生じたが、仏教界などの影響力が失われたわけではなかった。今日からみれば、「因果応報」「先祖の悪業の報い」などという障害観には古い歪みも指摘せざるをえないが、「憐《あわ》れみの心」「慈善」の土壌にはなった。同志社関係者を中心として流布されたキリスト教にも「見えない」ことを前向きに捉える聖書の障害観が表れていた。京都盲唖院の創設を目指す過程で、京都の大小仏教寺院、神社が多額の寄付を行ったことは分厚い寄付金記録で立証される。盲唖院発足の翌月には、新島襄が来院しているし、彼は何人もの唖生の入学保証人になった。

③京都は、高度な商・工業や文化的資源に富む都市であった。盲唖院の普通教育や職業教育を構想し、教材・教具を開発するうえで、木版印刷、彫刻、彫鐫《ちょうせん》（銅器に美術的な模様を施す彫刻）、刺繍、紙撚《こより》の専門家の存在が寄与し、和蠟燭《ろうそく》・楽器・鍼灸用具製造など京都の商工業者が長い歴史を通じて蓄えてきた高い技術力がおおいに役立った。実際、老舗《しにせ》としては製墨・製筆の鳩居堂《きゅうきょどう》、版元の村上勘兵衛、刺繍の奥伝兵衛、蠟燭の佐々木源兵衛などが職人技術を提供したと伝える新聞記事がある。当時はベンチャー企業であった島津製作所や京都織物会社、洋紙のパピールファブリックなども、教材・教具製作や印刷などを助けた。職業

教育のノウハウと教員の提供や、卒業生の採用にまで協力した業者もあった。創立時の仮校舎は大文字屋呉服店（後の大丸）から提供された。授業風景や教材を描く画家、絵画科で指導に当たる有名な日本画家も現れた。つまりは、京都の伝統文化と近代化が盲教育を後押ししたのである。

④明治期になって、京都には「首都でなくなる」ことへの危機意識があった。「上京する」という言葉があるが、それまで「京《みやこ》」であったのに、「東京に対する、西京となれば、近代化に後《おく》れをとるのではないか」と心配したのだ。それを防ぎ、京都を再興するうえで、「教育」に着目し、それを重くみる思潮が醸成されていった。町衆パワーは、文部省の学制発布より三年も早い一八六九（明治二）年に学校建設の端緒を開き、六四もの番組小学校を立ち上げていく。後にそのうちの一つ、上京第十九組小学校で啞生・盲生教育の試みが胚胎した。

京都府立盲啞院には、京都府中学校や師範学校にも近い土地が与えられた。明治一〇年代に盲啞院が師範学校から地球儀を借りていたことを示す記録もある。盲啞院だけが持っていたオルガンが地域の学校に貸し出された側面もある。京都の近代化を推進する装置としての諸学校と盲啞院は相互に支えあったとも評することができよう。

⑤京都盲啞院を創立することになる古河太四郎は、寺子屋・白景堂《はくけいどう》を営む家に生まれた。白景堂は六〇〇人もの寺子を擁したとされる。古河は、番組小学校の発足に先立ち、京都府

から委嘱されて新しくできる学校での教育内容について検討した。そして、生まれ育った地域で上京第十九組小学校の訓導に採用される。その後、北山中腹の釈迦谷新池を開発する農民に協力して公文書偽造の罪に問われ、二年間獄につながれるが、釈放後、元の職に復することができた。早ければ一八七三（明治六）年にろう教育に着手したと記した文書がある。古河が最も得意だったのは算数・数学であったようだが、書道、天文学、軍学なども修めた。教育に関する素養と実践力を備えることにつながる出自と修養を併せ持った人物がそこにいたということになる。

宮津の天橋義塾でろう教育に取り組み、後には盲唖院の監事（教頭）として古河を補佐した鈴木需《もとむ》、近所に住むろう児と親しく接してその発達可能性に気付き、その教育を古河太四郎に提案した上京第十九区長の熊谷伝兵衛《くまがいでんべえ》（一八三四―一九一四、自らも教具を考案した）、京都府に宛てて「盲唖訓蒙設立ヲ促ス建議意見書」を提出した遠山憲美といった、盲児・ろう児に心を寄せた志のネットワークも見逃せない。

古河太四郎の発起と教育観・障害観

古河太四郎が、盲・唖教育を発起するには、いじめられて泣くろう児に同情したとか、酔っぱらいに侮辱される盲人按摩《あんま》を見たとする契機伝説が語られてきた。しかし事実としては、古河は上京第十九組小学校で、まず唖生への指導を試み、次いで盲生も受け入れた。そのきっかけは、学区長の熊谷から三人のろう児を紹介され、その教育を勧められたことにあり、唖生教育の成果を伝え聞いた盲児の親からも要請されたとするストーリーを追ってよいだろう。

彼自身の人間観は儒学に立脚した。障害や障害者に注ぐまなざしとしては、「盲唖モ亦《マタ》人ナリ」「無邪気な小児が水に溺れ、火に爛《ただ》れんとするのを見て助けるのは惻隠《そくいん》の情」とした古河であった。「恕《じょ》」（思いやりの意）という言葉も書き残している。

古河が西欧の盲・ろう教育に関する情報をどの程度把握していたかは、必ずしも明らかになっていない。本人は、考案した指導法や教具に西欧のものとの類似があることを問われて、「英語が読めない」旨の答えを返したが、当時の『西京新誌 第壱号』（一八七八年四月三〇日、西京新聞社）には「嗚呼《ああ》古河某は仁人ナリ遠ク西洋ノ教育ニ則リ近ク自家ノ経験ニ依リ彼ノ盲唖ヲ教フルノ端ヲ開ケリ」と報じられている。古河の考案になる盲人用左右対称文字やさいころ算盤《そろばん》などの工夫には、点字に関する知見を持ったうえで独自にアレンジした可能性も読み取れる。この点では、一八八一（明治一四）年の『教育博物館案内』に、凸字書、点字書、点字凸字起具といった記載があることに着目し、同博物館長を務めた手島精一らと古河にどんな交流があったのかを解明する研究が待たれる。古河は、教育学の面ではペスタロッチの説にも学んだ。

古河太四郎の学校づくりと教材開発

創立期からの教育目標としては、「自己食力」が掲げられた。日本の盲人は、江戸時代にも鍼灸や邦楽の世界で「手に職を得ていた」が、古河は技に偏った徒弟的な伝習ばかりではなく、普通教育を土台に据えた職業科を計画した。開校の二年後に職業教育を始め、その実施にあたっては、京都市内の盲人・ろう者の職業や生活実態を調査して職種を吟味した。職業を通じた「自己食力」観は、楽善会の中心メンバーの一人であった中村正直が唱えた「自助」論と通底する。その後の歴史を通じて、浮かんだり水面下にひそんだりする、「自立」「自助」「公助」などをめぐる根源的なぶつかりあいをはらんだ波の上での船出だったとも指摘しうる。

遠山憲美の建議では、「盲唖併設」ではなく、「盲院」と「唖院」の二校が想定された。これは、山尾庸三の建白書でも同様であった。しかし、京都は「盲唖院」としてスタートし、楽善会訓盲院も発足間もなく唖生を受け入れることで訓盲唖院となった。

この点については、社会や政府の理解が十分でなかったため、考え方の面でも財政の面でも「便宜的な」出発を余儀なくされたものと捉えられていた。『東京盲学校六十年史』(一〇六頁~)には、「(欧米先進国では)最初より別個の場所に於《お》いて各々特殊の教育をなし又特殊の研究を以てし苟《いやしく》も便宜主義によつて盲及び聾唖を同じ場所に併置して教育するが如きは無かりしなり、然《しか》るに我が国に於ては先《ま》づ京都に於て訓唖盲と云ふ順序になり、吾《わ》が校に於ては訓盲唖となり、而《し》かも共に併置して教育したりしなり、元より此の事たる別に明かなる理由の存するにあらず全く便宜の処置に出でたるものなり」（傍点筆者）と指摘されている。両校とも、食事の場面など生活の部門では盲生・唖生の同席もあったが、教育課程や教室などは別々に編成した。明治二〇年代には、「盲学校、聾唖学校への分離」意識も強め始めていった。

古河の学校づくりは、今日でいう福祉や社会啓発をも視野に入れたものであった。「盲人・唖者に教育を行わないのは社会の罪だ」という認識をふまえて、就学・通学の条件も整えたのである。貧しい家庭の生徒のためには、授業料の減免措置も講じた。通学のためには人力車を配備した。遠方からの入学希望が増えたことに即応して寄宿舎を置いた。これらを財源面で支えるための寄付を広範に呼びかけた。教育実践の成果、つまり生徒が習得した力量の証明としての成果物を、国内諸地域や外国の博覧会、展覧会に積極的に出品して、盲・唖教育への理解を広げようと努めた。その出品のために授業の様子などを描いた絵や生徒の作品が軸装・額装されたことなどが、資料の比較的良好な保存につながってもいる。

二一世紀の現在、障害を語るうえでのキーワードを構成する「医学モデル」と「社会モデル」の問題（障害との関わりで生ずる社会的な不利を障害と障害者自身に求めてそれを克服する能力を育てようとする「医学モデル」と、社会のありように問題の根源を求めて環境の改善に力を注ごうとする「社会モデル」）につながるエピソードがある。それは、楽善会に仏教徒や政府の官僚が加わるようになってからの主要メンバーである大内青巒《せいらん》が、東京での楽善会訓盲院開業を準備すべく、一八七九（明治一二）年秋に高津柏樹《たかつはくじゅ》とともに京都盲唖院を訪れた際に記した参観記の一節である。大内は「古川太四郎《（ママ）》君のやって居る学校の、熱心な所は敬服する」と断ったうえで、古河の考案した算盤《さんばん》には不賛成で、「普通の算盤で教へられさうなものだ」と述べる。それは、「落ちない便所」を用意するか、「落ちてみて、再び落ちないようになる」ことを追求するかという議論にも及んでいる。いささか単純化した対比であるが、大内の考えは「医学モデル」に近く、古河のは「社会モデル」に似ているように思われる。

古河が反論したかどうかは不詳であるが、これは、どのような教科書や教材群を用意していくかにも関わる論点であったろう。こうした課題意識をもって、古河の考案した教具を吟味することも有意義であるに違いない。ちなみに、大内らのこの来訪が、東西二校の交流のとば口になり、第３章で述べるように、第二代院長・鳥居嘉三郎《とりいかさぶろう》と東京の小西信八《のぶはち》校長の時代にみごとな花を咲かせる。

指導方法と教材・教具をめぐる古河の独創は実に多彩である。第２章の多くは、そこからピックアップした品々にまつわる物語にあてられる。本書で扱えなかった品も含めた全体をまとめると、古河の教材・教具開発には次の特長があった。

まず、見えないことへの観察がきめ細やかである。視覚障害理解をめぐる書物などで「視覚障害は情報障害だ」としばしば定義されるが、とくに文字学習や地図の読み取りにおける全盲の児童生徒の困難をよく知っていたと言える。木の板に凹凸の線を施して触ることができるようにした木刻文字、厚紙でのカタカナ凸字、石盤に立体表現を貼付した地図などが典型だ。凸字に関しては、楽善会と大蔵省が作製した凸字教科書も利用した。盲生たちは、墨字の字形を知り、意味を理解し、教科書やイソップ物語などを読むだけでなく、鍼灸や箏歌《そうか》に関する凸文字教科書の画数の多い漢字も読み取ろうと指先を澄ました。文字の書き方練習にも「立体化」「三次元化」の手法が導入された。溶かした蜜蠟《みつろう》などの冷めて固まった表面にヘラで字を彫る蠟盤文字、厚紙の上に置かれた薄い紙に鉄筆を強く押しつけて線を刻む自書自感器などである。行の幅や字のサイズをそろえるための定規、定規を用いずに鉛筆で手紙を書く方法、和筆による書写を補助するためのツールなど、見えない代わりに触ることで情報を得ようと開発された手法には驚嘆するほかない。

目の見えない生徒に「教える」とき、教員が語り、生徒が耳で聞くという方法だけでもある程度の伝授は可能だった。しかし、それだけでは生徒が、ノートをとること、記録にもとづいて復習すること、自己の体験や思考・感情を表現すること、通信すること、さらに「読む」ことができない。古河は、盲生の学びの質を高めるためになんとしても文字を学ばせたかった。しかしながら、まだ我が国に実用されるものとしての点字は存在していなかった。

いきおい、墨字に縛られた試行錯誤とならざるをえなかった（古河が点字に関する知識を持っていたのではないかという検討課題は、ここでは横に置いておく）。

才に恵まれ、努力を尽くした生徒の中には、墨字の習作を残した者がいたのも事実だが、多くの生徒にとっては「学習困難」な時代であったと指摘しておくことも必要である。二一世紀のデジタル・ＩＴ（情報技術）時代を迎えて、点字使用者も漢字などに関する知識をこれまで以上に身につける必要が顕在化している。凸字の時代に払われた努力の結晶を通して墨字学習の教訓を引き出し、現代的な飛躍を目指すべき領分も少なくない。

古河の時代、職業に関する科目を担当する教員は他にいたが、普通教科は基本的にすべて彼一人が担わねばならなかった。したがって、数学にも、地理にも、体育にも、古河の発想と流儀が貫かれた。

数学では、「見えないこと」にさまざまに配慮した古河式の算盤・計算具が発明された。資料室には、フランスの盲人マルチンの考案でガラン社が製造した計算器具、イギリスの盲数学者テーラーが案出したテーラー式計算器もある。これらは、古河より後の時代に用いられたとみられるが、いずれも重要文化財に指定された。マルチン氏タイプの計算具はヨーロッパで、テーラー式の計算器はアメリカなどで現在も製造・販売されている。

地理の学習用には、触って理解することに主眼を置いた立体地球儀や凸線の地図が工夫された。

運動不足になりがちな盲生の全身をしなやかに強靭に育てるための遊戯や運動法も開発された。それは、空間や方向・方角の認知力を磨き、単独歩行の基礎を鍛える意味ももったし、幼いうちに命を失う悲劇を防ぐ願いも込めて盲生たちに提供された。啞生のための運動も考案された。具体例は、第2章で確かめられたい。

盲啞院のごく近くに家を構え、通勤時間を惜しむかのように指導法研究に没頭した古河であった。妻コウによる回顧談では、「枕頭に何時も硯と紙が用意してあって、何時となく起上っては何か書いて居られ〔中略〕浴室の入口に筆紙の用意が」あったらしい。古河本人も、『日本昔日の聾啞』の中で「教授するに当って種々の図案を製し、器械等を新製致しました」と語っている。

江戸時代に製造されたとの記録もある琵琶《びわ》、月琴、検校・松阪春栄《はるえ》の所有していた箏や杖も重要文化財に指定された。音楽教育の近代化をリードした伊沢修二がアメリカから持ち帰ったと伝えられるオルガンもひときわ目立つ。

鍼灸あん摩マッサージの関係では、第一期生の谷口富次郎が母校で教員となって著した鍼按教科書類の原稿も貴重だ。木製の各種小型按摩器、大きな函体に格納され、ハンドルやベルトで動かした按摩器械も見ごたえ、触りごたえがある。一部は、一八八四（明治一七）年にロンドンで開催された博覧会に出品し、金賞を授けられた。その賞状やメダルも資料室に陳列してある。なお、京都府立盲学校同窓会（白畠庸会長）は近年、第一期生の山口菊次郎

(巌)の邦楽論集『三曲語り継ぎ』と谷口富次郎の鍼術教科書『鍼科新書』を復刻出版した。

古河の時代から今日まで、盲学校における職業教育は、基本的に鍼灸あん摩マッサージと音楽が主柱であった。さまざまな挑戦や努力にもかかわらず、盲学校の中で展開される職業教育の「職種拡大」にはあまり成功していない。戦後、大学入試や採用試験における点字受験の実現などを通して、高等教育を足場にした職域の広がりはめざましいが、こと盲学校の職業教育においては厳しい状況が続いている。そう振り返るとき、古河が職業科の一つとして「紙撚細工」の科を置いたことに感銘を覚える。彼の職業構想案には「法学」も明記されていた。そこには新しい職域へと挑戦する姿勢があり、「視覚障害者の記憶力と手のわざ」の可能性への直感があった。

このように、古河の時代に創出もしくは活用された教材・教具類はユニークな着想にあふれ、盲生・唖生に学ぶ喜びを実感させた。しかしながら、京都府立盲唖院の時代は、点字のない時代であった。いかに創意にあふれた教材であっても盲生にとってはきわめて困難な学習法であった。結果として、「学習困難」を理由とした退学も少なくなかった。

教育実践として評価すれば、そこには行き詰まりを指摘することも可能だろう。折しも松方デフレに遭遇して学校財政が逼迫《ひっぱく》した。さしもの古河も、そうした責任を問われ、院長辞任を余儀なくされた。その後の古河は、教育保険会社員や古美術商として生きたが、一八九八(明治三一)年にグラハム・ベルが京都で講演した折に、彼を称えたのが機縁となって、盲目の実業家・五代五兵衛に招かれた。私立大阪訓盲院の初代院長となり、点字も習得していった。重文の指定対象にはならなかったが、古河太四郎遺品の中には大阪の教え子が書いた点字の文章も含まれている。

第二代院長・鳥居嘉三郎の時代

古河院長時代が、歴史を画する着手と壮大な模索であったとすれば、第二代院長・鳥居嘉三郎（一八五五－一九四三）の時代は、飛躍と結実の時代だったと形容できる。

鳥居嘉三郎は、古河院長の頃に盲唖院で働き始め、一八八九（明治二二）年の京都市への移管に際して、引責辞任した古河を継いだ。クリスチャンであり、平安教会に属し、新島襄・八重とも親交を深めた。財政の建て直しと実践の質的な転換を追求することが期待された。

鳥居は、校長室で席を温めることなく、手弁当・草履履《ぞうりば》きで募金に奔走したと伝えられる。一八九四（明治二七）年に第四回内国博覧会が京都で開催された折に円山公園や岡崎公園に置かれたとみられる、募金箱（受恵函《じゅけいばこ》）とそれに添えた邦文・英文の看板がその取り組みの果敢さを彷彿《ほうふつ》とさせる。

鳥居院長の下で推進された、文字教育の飛躍と同窓会などの結成に着目し、ひととおり見渡しておきたい。

東京盲唖学校の石川倉次《くらじ》らと視覚に障害のある教員・生徒によって点字の考案が進められ、石川案が選び取られたのは一八九〇（明治二三）年一一月一日であった。その動きが起きるまでには、文部官僚であった目賀田種太郎《めがたたねたろう》が米国のパーキンス盲学校を参観して得た知見をもとに、一八七九（明治一二）年に文部省発行の『教育雑誌』第八九号で、「ブレール氏ノ方法」としてルイ・ブライユの六点方式を日本に紹介している。従来の説では「東京教育博物館の手島精一が一八八四（明治一七）年にロンドンでトーマス・アーミテージのブライユ点字の紹介を含む著書『盲人の教育と職業（*The Education and Employment of the Blind*）』や点字器を入手した」とされてきたが、日本政府とアーミテージとの接触は一八七八年のパリ万博においてであり、その翌年に点字のサンプルも入手していたと指摘する新しい論考がある（木下知威「点字以前　18－19世紀の日本における盲人の身体と文字表記技術の交差」津山洋学資料館『一滴』第26号所収、二〇一九年）。惜しまれることにそれらの情報が東京盲唖学校の小西信八校長に伝わるのには、一八八七（明治二〇）年まで空白に近い歳月が横たわった。石川倉次の点字翻案がなるのはそれから三年の後となる。

京都盲唖院関係資料には、その後の日本点字史を綴る文書・文献や教具なども多数含まれる。公文書綴りをひもとくと、京都盲唖院が石川倉次の点字を導入したのは翌一八九一（明治二四）年であったことが分かる。最初の情報をもたらしたのは、京都府学務課の上田正当《せいとう》であった。上田が出張先の東京で入手した一覧表を手掛かりに点字の組成や書き方を理解した教員は中村望斎《もちまさ》だ。鳥居も凸字に比べて点字が飛躍的に優れていると判断し、その導入を即決した。このシーンは、一九〇八（明治四一）年五月一日に、ルイ・ブライユ生誕一〇〇年を記念して京都市立盲唖院で行われた講演の記録『盲人界の恩人　点字発明者　ルイ　ブレーユ伝』にまとめられている。全文の亜鉛原版が保存されているので、今でも点字にプリントできる。

　東京発の日本訓盲点字の価値を京都のスタッフがただちに認めたことについて、『日本点字の父　石川倉次伝』の著者・鈴木力二《りきじ》氏は「それは我が国に点字抗争を起さずに済んだということであり、この点日本の盲界にとって最大の幸福であったといってよい」と高く評価した。アメリカでは二種類の点字のどちらに軍配を上げるかという論争と混乱が起きたが、日本ではそのような「点字戦争」を招かなかったのだ。

　なお、京都盲唖院が点字を指導し始めるにあたって島津製作所に点字器を発注した経緯を示す文書もある。その点字器が現存するかどうかは不明だが、それは業者による国産第一号の点字器だった。以後、さまざまな試行錯誤を示す点字器が残っている。京都市立盲唖院盲部の同窓会は、岸高丈夫《きしたかたけお》氏による国産第一号の点字タイプライター「アイデアルブレイルライター」を設計・製造・販売した。京盲同窓会には、ありあわせの現実に合わせるだけなく、学習や生活の質を自ら改善していこうという改革志向の「京盲スピリッツ」があったのだ。

東京と京都は明治二〇~三〇年代を通じて、相互に教員を派遣しあい、点字を磨く共同研究を推進した。それをリアルに跡付ける日記や書簡も少なくない。

たとえば、一八九五（明治二八）年の『日注簿』には、七月一二日に東京盲唖学校から石川倉次らが到着したと記されている。このとき、東京盲唖学校の職員・青山武一郎《たけいちろう》から「点字ノ発明者るいぶりいゅ氏ノ石膏像ヲ贈進」があった。このルイ・ブライユ石膏像も大切に保存されている。また、『明治四一年五月三日差し出しの封書』は、京都市立盲唖院の教員・大島伝次郎が東京の石川倉次に宛てたものだが、この手紙には「点号に付研究工夫の士暁天の星よりも少かりし」という印象深い一節がある。点字の表記法や指導法、さらには盲教育の教育課程のあり方についても、点字を知る数少ない存在、つまり「暁天の星」としての自覚をもち、研究や実践に精励した日々が想像できる。

後に点字新聞『あけぼの』を発刊する左近允孝之進《さこんじょうこうのしん》が『盲人点字独習書』を出すのが一九〇五（明治三八）年、文部省から『日本訓盲点字説明』が出るのが一九一一（明治四四）年、そして、盲・唖分離後の東京盲学校から本文四七ページの冊子『ブレーユ点字沿革の概要』が刊行されるのは一九二五（大正一四）年八月だった。

点字の習得は、生徒に記録、表現、読書の自由をもたらした。東京や横浜に続いて京都も、一九〇三（明治三六）年にアメリカから点字の製版機を輸入した。自分たちで教科書や小説・専門書を点字に打ち直したり、同窓会の機関誌を発行したりすることができるようになっていった。文部省による点字教科書の発行までには長い歳月を要したが、点字が「学びの質・量」を変え、発達を支えていった。遠く離れた者同士をつなぐ手紙やはがきによる通信も、点字でできるようになっていく。

一九二五年には、衆議院議員選挙法によって点字投票が有効と定められた。選挙権の行使、人間としての尊厳を裏付ける星として点字が輝いた。一九二二（大正一一）年に点字新聞を創刊した毎日新聞社は、投票用に特化した点字器や模擬投票用紙も作って、点字の普及に貢献した。

鳥居の時代を評するうえで、「飛躍と結実」を挙げた。これは、点字をめぐってだけでなく、他にもそれに該当するできごとがあった。一九〇六（明治三九）年が結節の年である。一つは、全国レベルでは初の聾唖教育講演会が開催されたことであり、もう一つは、日本盲人会の結成が呼びかけられたことを指す。

盲・唖教育の機関は、明治一〇年代は、事実上京都と東京の二校のみであったが、二〇年代に新潟の高田訓矇《くんもう》学校や横浜訓盲院が加わり、視覚障害当事者、宗教家、教育家などによる学校創設が三〇年代に入って急増する。一九〇〇（明治三三）年に東京盲唖学校がまとめた一覧では、盲教育機関が一四、ろう教育機関が四校であったものが、一九〇六年には合計三一校を数えるに至った。

そのことを背景に同年一〇月に、聾唖教育に従事する全国の教員やろう者が参集する聾唖教育講演会・第一回全国聾唖教育大会が東京で開催された。出席者は「盲・唖学校の分離」と「盲・唖教育の義務化」を求める決議を行った。そして、東京の小西信八、大阪の古河太四郎、京都の鳥居嘉三郎が文部大臣を訪ね、決議に基づく建議を行った。それまでも、東西二校はその二つを構想して、国や京都市に要望を重ねていたが、全国の多くの地域に盲学校・盲唖院などが誕生し、着実な実践の根を広げた実績を結集することで社会的な発信に大きく踏み切る条件が生まれた。翌年には初の全国盲唖学校教員大会も開催され、大正から昭和の戦中期を貫いて、「盲・唖教育の分離と義務化」を要望する息の長い運動が継続された。

重要文化財に指定された資料のうち、最も新しいのは一九四九（昭和二四）年の文書である。つまり、京都盲唖院関係資料は、明治初期の「便宜的な盲唖併設」から、「盲・唖分離と義務化を求めた時代」を経て、戦後の新憲法や教育基本法・学校教育法の制定によって「盲・ろう教育の分離と義務制実施」に至るまでの苦闘を跡付ける資料群とくることもできる。

一方、日本盲人会は一九〇六年に結成された。呼びかけ人には、『日英の盲人』などを著して、日本の盲人の教育・文化・労働をめぐる状況の後進性をイギリスの実態との比較で際立たせ、盲青年たちの覚醒をリードした好本督《よしもとただす》、盲教育のパイオニアたる小西信八、鳥居嘉三郎、彼らが育てた気鋭の谷口富次郎などが名を連ねる。「点字図書出版」や「盲人の職業」などの充実を求める新しい流れの始まりであった。この動きの土壌として、各盲学校に同窓会が生まれ、点字機関紙などを通じた当事者のネットワークが形成されていたことも見逃せない。後には、点字郵便の割引などを実現する失明軍人・山岡熊治らによる日本盲人協会、大正期の盲人基督信仰会、戦前の日本盲人エスペラント協会、戦後の日本盲人会連合などへと、断続をはさみながらも、時代に即した当事者団体の結集へとつながっていった。

東京でも京都でも、同窓会の点字雑誌が刊行されるようになり、各地の盲同窓会もそれに続いた。こうして全国ネットワークが形成されていったのだ。その努力が結び合わされ、全国盲学校同窓会連盟が結成を遂げたのは一九一五（大正四）年のことだった。これらと並走したのが、好本らによる日本盲人会や少し遅れた山岡熊治らの日本盲人協会である。

大局的に捉えれば、視覚障害者の願いをあらゆる面で自覚し・表現し、その実現をめざして、伝えあい・つながりあい、政府にも「もの言う」力が鍛えられていった。言い換えれば、教育・福祉・労働・文化などの抜本的な改善を求める動きの母胎となったものこそ、近代盲教育の教室だった。二一世紀の現在、障害当事者が「私たちのことを私たち抜きに決めないで！」と主張し、「ともに生きる社会」に接近するためのアプローチにいそしんでいる。そのルーツを教育が形成したのだ。

第2章　京都盲唖院資料をよみとく

1 文字を知る――点字以前

盲生背書之図

一枚の日本画を紹介したい。サイズは縦四三・六センチ×横四八・八センチで、画面中央に学習机と椅子が置かれ、五人の生徒が腰かけている。真ん中の男児二人とそれを挟むように立つ教員二人、この四人が主人公である。生徒は縞柄・筒袖の着物姿で、教員は文明開化にとまどっているかのようなぎごちなさが漂う靴と洋服姿だ。全体にけばけばしさはなく、落ち着いた色づけが施されている。

タイトルは「盲生背書之図」（盲生徒の背中に文字を書いている絵図）。「孝山」と読める画号は、京都府立盲唖院長・古河太四郎の親戚にあたる画家・有馬《ありま》孝山《こうざん》を指す。筑波大学附属視覚特別支援学校にも孝山による類似の絵が保存されている。それは「盲生背書掌書之図」

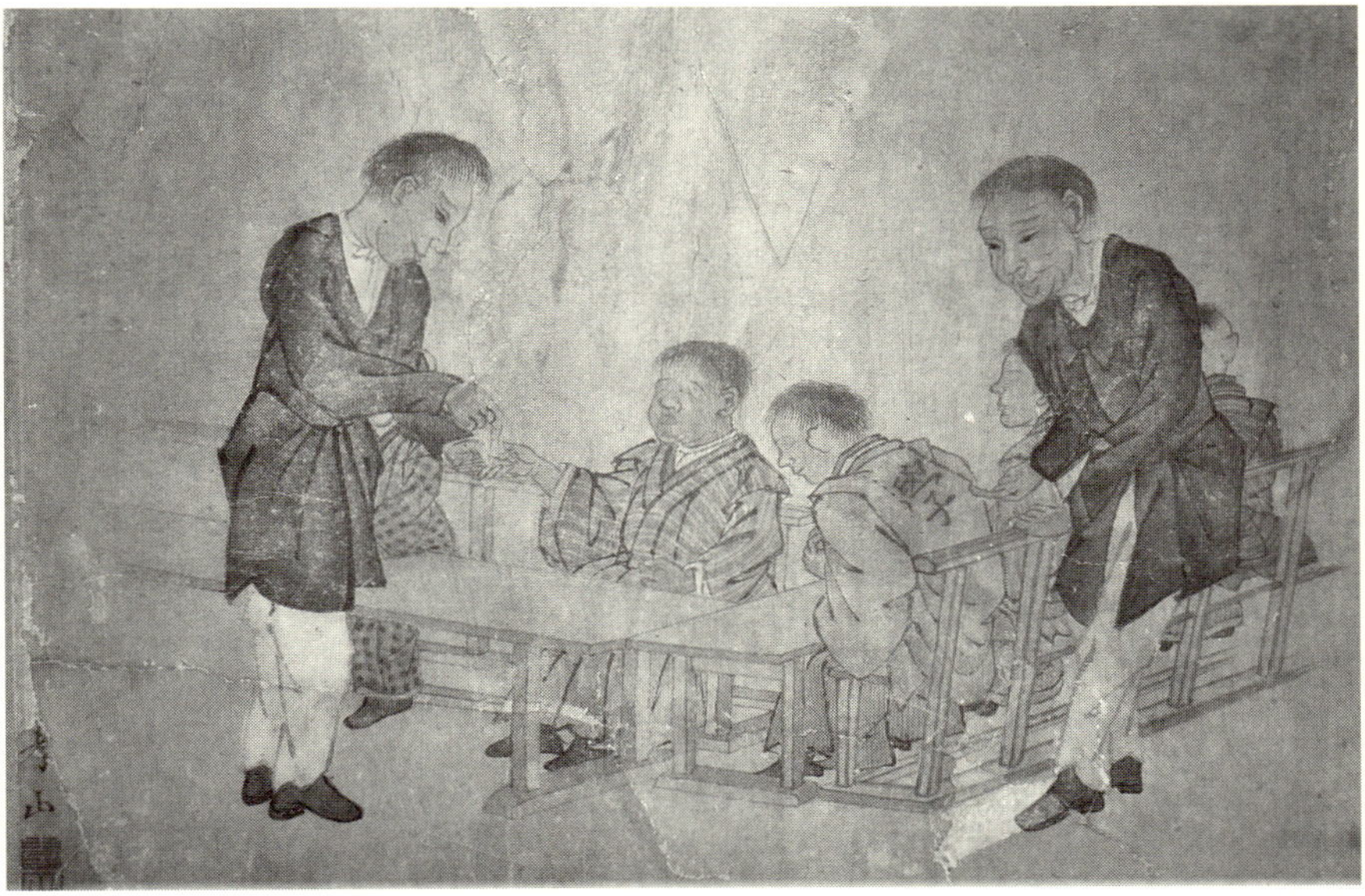

有馬孝山「盲生背書之図」（部分）

（盲生徒の背中や掌《てのひら》に文字を書いている絵図）と題され、画面の上部に絵柄の説明文が加えられている。タイトルとしては、こちらが正確である。

これらがいつ描かれたかを推測させる記述が、当時の京都盲唖院の『日記』に散見される。有馬の名は幾度も出てくるが、一八八四（明治一七）年に同院が英国の衛生博覧会（International Health Exhibition）に教具などを出品する直前の三月五日に「盲生教授之図」の制作を有馬に依頼し、三日後に「有馬孝山　右来院図画［英国博覧会へ出品］之件ニ付云々院長古河殿へ面談」していることから、この時期に描かれたと考えられる。

絵の中で右側の少年は、左斜め向こうむきに座り、絵を鑑賞する人に後ろ姿を見せている。その背中に右側から教員が人差し指の先を沿わせて一つの字を書いているところだ。

左側の子は、絵を見る人にほぼ正対して右手を左方向に差し出し、掌を上向きにひらいている。もう一人の教員が左側からやはり指先でそこに何やら文字をなぞっている。

背中に表現されているのは「学校」の「学」の旧漢字である。冠の部分が今の「学」よりも複雑だ。掌の文字は小さくて読み取りにくいが、どうやら画数の少ない字らしい。判然としないのだが、この場合、教員は文字をどちら向きに書いているのだろう？　自分向きにか、生徒向きにか。盲ろう者と伝達しあうときの指点字の向きにも通じる問題として解読を尽くしたい。

この絵は、京都盲唖院で行われていた、盲生に対する文字教育の一場面を描写したものである。教え子の背中や掌に指をすべらせて文字の形を示し、意味や熟語を言葉で補う手法がとられていた。スペースとしては背中のほうが大きいから、画数の多い字や字形の細部を捉えさせるために背中を使った。

一八八四（明治一七）年五月に岡山県の学事奨励会に教材類を出品したときに添えた文書『明治十七年五月於岡山県学事奨励会之節出品　京都府盲唖院出品説明書』（以下、『京都府盲唖院出品説明書』）には、「くすぐったさや痛みを与えないよう、指の圧力や爪の長さに配慮しなくてはならない」旨の一文があり、笑みを誘われる。

東西両校が盲教育に手をつけた頃、日本の点字は存在しなかった。授業は口から耳への伝授によってでもある程度可能だが、知識の定着や蓄積、あるいは認識の高度化や自由な表現力のためには、文字が欠かせない。しかし、日本点字はまだない。鉛筆などで紙に書いた墨字では盲児には役立たない。では、どうやって文字を教えるか。

その一つの答えが、この方法だった。特別な道具を必要とせず、簡便だ。ただし、字形は安定しない。書き手によって微妙な差異が生じただろう。指先の移動とともに消えうせるのも難点だ。「時間に耐えられない文字」なのだ。学習ツールとしては欠点がある。その一方、薄暗い時刻でも、散歩の途中でも、時・所を選ばずに学習できる利便性もあった。

絵を前に、ある盲学校に在籍する子の保護者が「同じこと、私もしてます！」とおっしゃった。なるほど！　そうか、ならば、と想像は広がる。江戸時代にも、同じような技法を編み出して文字の教育にうまく活用した盲人がいたとしても不思議ではない……と。

なにより、絵の中の人物たちは誰もがふっくらと微笑みを浮かべている。文化を伝え、受け取る喜びがここにある。盲教育黎明期の史料として価値を持つだけでなく、教え・学ぶという営みがもつ本来の魅力をたたえた、かけがえのない宝物である。

木刻凹凸文字

桂あるいは桜材の、約六センチもしくは四・五センチ角の正方形の板に、凸字や凹字を刻んだ教具がある。「木刻凹凸文字」である。捫字《もんじ》とも呼ばれた（「捫」は「なでる」という意味）。ひらがな、カタカナ、数字、漢字などを一字ずつ彫り出したおよそ五七〇個が残っている。

「背書・掌書」は指先の動きとともに消える文字であったが、木に刻むことによって文字はモノとして固定され「時間に耐える」ツールになった。目の見えない子どもたちが、一枚一枚、時間をかけてじっくりと触り、字形を確実に知る条件が生まれたのだ。

六センチ大のものはほとんどすべて、片面に凸字が、裏側に凹字が表現されている。それは「凸のほうが分かりやすい」という生徒と「凹のほうが好きだ」という生徒がいたことへの対応だった。いわば、「個別のニーズに応じたサービス」に相当する。ユーザーの選択権を尊重したともいえよう。生徒の声に耳を傾け、それを受けとめる柔軟さがあったのだ。と

草書体のひらがなを表す木刻凹凸文字

くに仮名の凹凸文字は、小さな手が何度も何度もそれを手に取り、各自の好む面を丁寧になでた結果であろう、まるで磨かれたようにつやつやしている。

木刻凹凸文字の書体には、正書体と草書体の二種類がある。古河は、正書体にあたる楷書は画数が多い＝直線的で分かりやすい、草書は画数が少ない＝曲線が多く複雑である、と考えていたと思われる。そのうえで、楷書を読み取ったら石盤に草書体で書かせ、草書を読み取ったらその楷書を書かせた。岡山県学事奨励会に宛てた前出の『京都府盲啞院出品説明書』には、「正草」の両方を熟得させせようとした旨が述べられている。

細長い長方形で、ペンケースの底箱のような木の枠も用意された。六センチ大の木刻文字を五個ほど並べて収めることができる大きさのものである。この中に木刻文字を並べることによって、単語や文節の学習へと発展させた。枠は、字を並べるときのガイドラインとなり、散らばると扱いにくいことへの配慮でもあった。


木刻文字には、もう一つ、重要な「秘技」が隠されている。それは何か？

木刻文字を見学者の手に渡すと、ほとんどの方が「正しい向き」に置き直してから観察を始める。晴眼者や弱視の方に例外はない。当然の反応である。

しかし、墨字を見たことがない、あるいは学んだことがない明治期の盲児、盲唖院に入学したての子どもたちには、その真四角の板に彫られた凹字や凸字のどちらが「上（向こう）」でどちらが「下（手前）」か、判断できなかったのではなかろうか。字形を確かめるためには、まず、「字の向き」を正しく知る必要がある。では、どうするか。

答えは、「三角の刻み」である。木刻文字には、文字の上側に相当する辺の中央に小さな三角の刻みが施されている。これによって、盲児も自力ですみやかに文字の「上・下」を識別することができた。

京都盲唖院は、一八七九（明治一二）年に木刻文字の製造を京都市内西京村に住んでいた彫刻家・柘植利安《つげとしやす》に発注している。ＩＣカードや牛乳パックの封などに切れ込みを入れる近年の手法のルーツとも評価しうる、この技を発想した古河や熊谷伝兵衛はやはりスゴイ。

とはいえ、木刻凹凸文字は、かさばるツールではあった。たくさんの木片の中からその日の授業に必要な字を探し出すのもやっかいであった。また、製作にあたっては彫刻家に外注したわけだが、決して安くなく、量産しにくいのも短所であった。京都盲唖院はそれを四セットしか注文していないので、五人以上の集団では学習しづらかったろうとも想像できる。

ちなみに、パリ訓盲院を開いたヴァランタン・アユイを記念する博物館にも、日本の木刻文字が収蔵されている。一八八九（明治二二）年に納品されたものだと記録されている。

知足院の七十二例法

複雑な漢字の点と画を正確に覚えるのはたやすいことではない。視覚障害児への漢字指導の優れた実践例は、単調な「繰り返しドリル」に偏るのを避け、基本となる「字形」や「部首」の習得を徹底することに意を注ぐ。盲唖院の漢字指導には、すでにその観点があった。「部首」に分けた木刻凸字が作られていたのだ。「七十二例法」と名付けられている。

『明治十一年諸伺』という簿冊（帳面）に、同（一八七八）年七月二三日に知事へ提出した「七十二例法木刻」の製造伺が綴じられている。この文書に知事は「七十二例法とは何か」と返した。

古河は、「盲人の筆記する文字としては真（楷書）よりも崩し字（草書）が適切だ。崩し字での部首を分類し、それを一つずつ木の板に凸状に刻む。これによって、運筆と名称を教え、画数の少ない字から多い字へと発展させるのが適切である。蠟盤や針を用いて実際に漢字を書き、習熟を図っていく」と答えている。

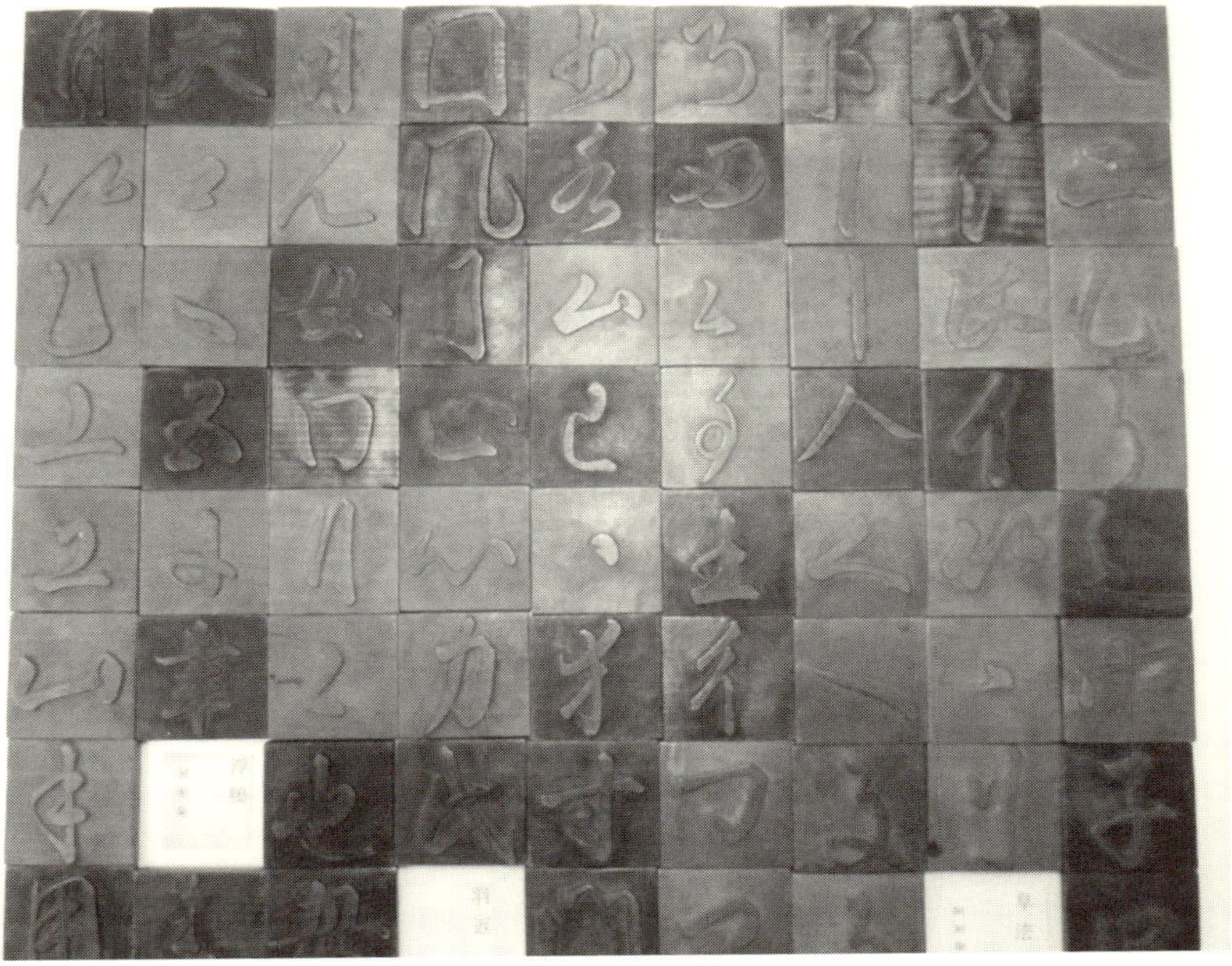

七十二例法の木刻凸字

七十二例〈盲者ノ書ハ真ヲ用ウル尤《モットモ》難シ　故ニ能《ヨ》ク草行ノ間ヲ以テセンコトヲ欲セハ此例法ヲ用ウルモノナリ〉ヲ一例毎ニ曲尺《カネジャク》二寸四方ツ、ノ凸字ヲ木刻シコレヲ授クルニ運筆ト名称ノミヲ以テシ併《アワ》シテ其名称ノ義理ヲ解シ〔中略〕少画《ショウカク》ノ文字ヨリ入リ多画ニ及フニ既ニ授ケシ文字ト例法トニ拠ルヘシ　実ニ此例名ヲ能ク記憶ナスニ及ンテハ蠟刻針跡等ヲ以テ単法ノ本字及読本ノ用字熟字等ヲ感覚ナサシムルノ捷径《ショウケイ》〔近道〕ニシテ

〔後略〕

文字通り七二種の部首が作られている。我々に馴染みのものを挙げれば、うかんむり・くにがまえ・さんずい・りっとう・こざとへん・にんべん・けものへん・もんがまえなどが見うけられる。それぞれの板の裏には、部首の名称とそれを用いた文字の例が墨字で記されている。保存されている実物は、伺とは異なり、一辺四・三センチ大である。

古河太四郎はこれを「知足院・夢覚《むかく》の下で書を学んだとき教えられた」と記す。

本朝通用七十二例法之儀ハ古河太四郎嘗テ印青蓮院宮入来道《ショウレンインノミヤジュボクドウ》〔ママ〕支派知足院夢覚ニ仕ヘ書法ヲ学ヒシ時授カリシ例法ニテ所謂《イワユル》世ニ称スル処ノ行成伝ニ御座候

では、この知足院・夢覚とは何者か。これまでは、ただ「青蓮院の夢覚というお坊さん」だとしか分かっていなかった。筆者は「知足院」を寺院の名と誤っていたほどだ。ところが、新しい知見を得ることができた。意外な人物だったのである。以下、加藤洋一氏所蔵史料等による。

幕末の京都北部、綾部藩に加藤家があった。医家であり、藩医を務めたこともある。当時の当主・岩右衛門の三男に亀吉（一七九六－一八七一）がいた。幼児期に常楽寺の住職に見込まれて弟子となり、以後僧籍にありつつ書道の修養に努めた。亀吉は、幕府の公文書に用いられた御家流（別名、入木道《じゅぼくどう》）で技を磨き、名を夢覚と改める。この流派は平安時代の書道に秀でた三蹟の一人・藤原行成《ふじわらのゆきなり》の流れをくむ。

青蓮院内の金蔵寺に入り、尊宝法親王から「知足院」の号を賜《たまわ》った。尊応法親王は、安政の大獄で罪を問われ、謹慎を措置された青蓮院宮（中川宮、後の久邇宮朝彦《くにのみやあさひこ》親王）を指す。知足院は、一八六〇（万延元）年に御家流の皆伝を許され、翌一八六一（文久元）年に同流派の取締方を命じられて書道の最高権威となった。都合四〇年間、門跡寺院である青蓮院にあって、維新の頃には尊応法親王を扶《たす》けた。

知足院は、歴史の表舞台には登場していないが、青蓮院の重役として、尊攘派の志士とも顔見知りであった。

一方、知足院の兄・省吾の学友に楢崎将作《ならざきしょうさく》がいた。青蓮院宮の侍医であった楢崎は尊攘派の巨頭で、安政の大獄に際しては責めを追う側に属した。坂本龍馬に感化を与えたと伝えられ、龍馬の妻・龍は楢崎の娘である。さらに、二人の結婚・内祝言の式場として金蔵寺を提供した人こそ、ほかでもない知足院だった。古河にも勤王方で奔走した時期がある。

京都盲啞院をたどれば、道筋によっては龍馬にまで及ぶ。奥は深い。

背中や掌になぞるのと違い、板に彫ることによって、文字はじっくりと確かめられるようになった。しかし、木刻凹凸文字には、前述のような問題点もあった。

紙製凸字

それらのうち、製造と経費の面を解決したのが紙製凸字であった。「紙に凸字を成形する」手法は、フランスのヴァランタン・アユイなどのやり方だった。それは、盲教育の入り口では世界共通の技法だったとも言える。

京盲資料室に、厚紙に文字を浮き上がらせ彩色した、カタカナ、漢数字などの紙製凸字（いずれも一覧カード形式）がある。裏面が少し凹んでいるからプレス方式で作られたのは一目瞭然だ。凹状は成型の跡を示すだけで、実際に触察に用いたのは凸面だけであった。

西欧ではアユイ式の凸字の他に凹式に成形されたこともあるが、画数の多い漢字は凹式にそぐわないと考えられたのであろう。明治期日本の盲児用紙製教材に凹式のものはほとんど見られない。京盲資料室にも、アルファベットの筆記体を凹ませた線で表した、輸入品とお

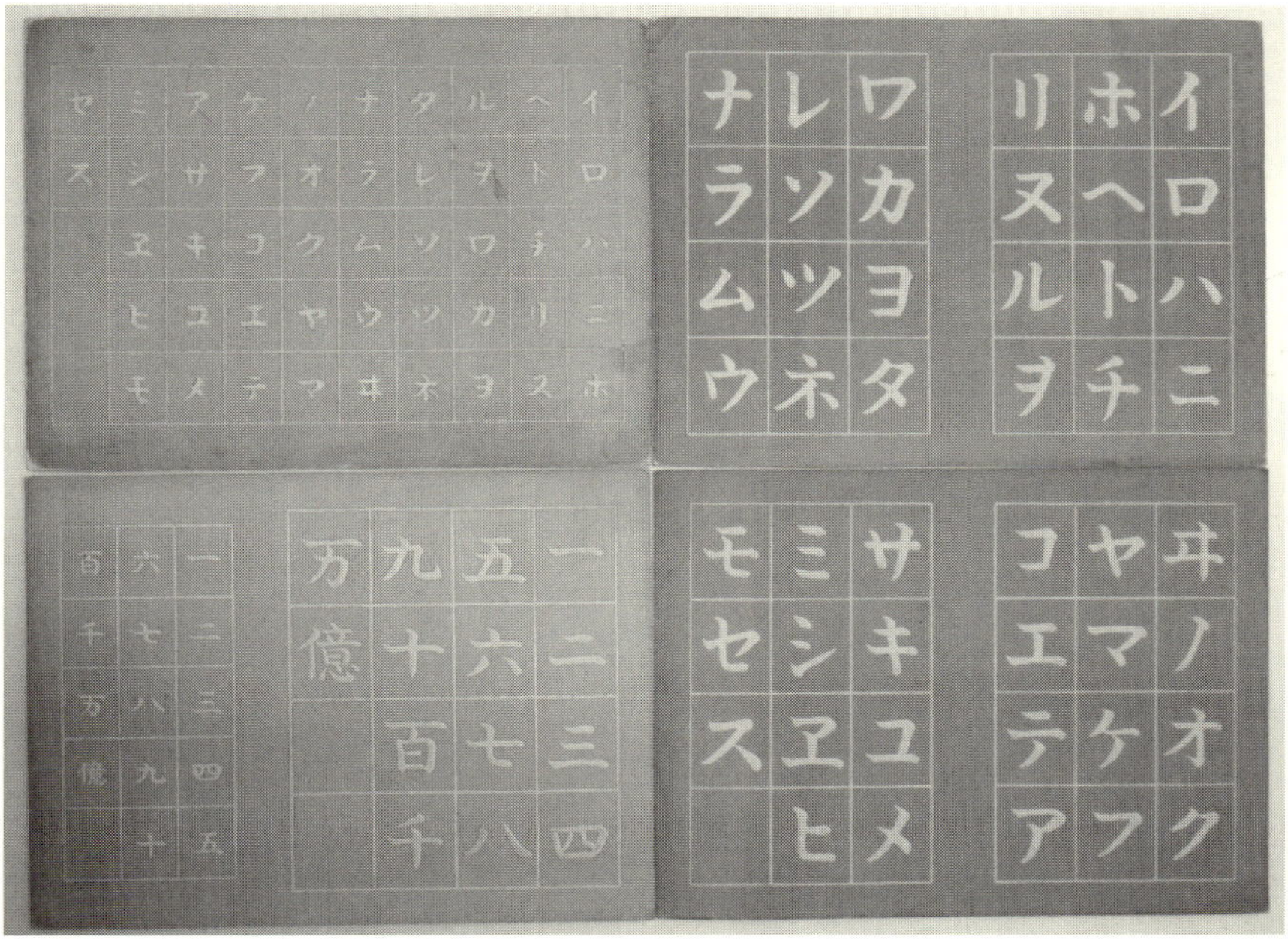

彩色されたカード式の紙製凸字

ぼしき厚紙が残っているが、その表面をなでても、指先が感じとる情報はきわめておぼろで、実用性に乏しい。

紙製凸字は、木製に比べれば、型押しで簡易かつ安価に量産できるし、置き場所も省スペースで済んだ。いろは歌の並びでカタカナを一覧できるカードは、最も多いものだと二八枚も残っている。一〇人を超えるような学級でも一斉授業が行えるほどの数が用意されていたわけだ。生徒が増えていった事実の反映とも理解しうる。

カード式凸字には、地の部分を青色・橙色・緑色で彩色した三タイプがある。文字はいずれも白色。文字の背景にあたる地への彩色は、弱視の生徒を念頭に置いたものではなく、指導する教員の使い勝手のためだと思われてきた。しかし、発足当初の京都盲啞院の生徒に弱視生がいたことも分かってきた。

縦二五センチ、横三三センチのこの教具は、現在、四種類が確認できる。どれも将棋盤のようなやや縦長の枠の中に一字ずつ表現されている。その枠の大きさと文字サイズの概要は次のとおりである。

A　青色――いろは歌のイ～ウ　枠：縦五・三センチ×横四・三センチ／字：縦三センチ×横三・五センチ

B　青色――いろは歌のヰ～ス　枠：縦五・三センチ×横四・三センチ／字：縦三センチ×横三・五センチ

C　橙色――いろは歌のイ～ス　枠：縦三・九センチ×横三センチ／字：縦一・五センチ×横一・五センチ

D　緑色――漢数字の一～億　右半分：Aと同じ、左半分：Cと同じ

一八七九（明治一二）年五月一日付で京都府の学務課が盲啞院に宛てて送った文書によると、このカードは大蔵省印刷局の製造になる「盲人捫字状」であった。橙色と緑色は各五〇

枚、青色は一〇〇枚が印刷局から届き、第八回京都博覧会でも陳列されたようだ。印刷局局長の得能良介《とくのうりょうすけ》は、東京の楽善会の開業準備期から開業後まで凸字教材の制作に協力していた。

ところで、ここまでの説明では、京都盲啞院草創期の指導法は、〈背書・掌書→木刻凹凸文字→紙製凸文字〉という順序で進んだという理解を生んでしまうだろう。だが、ことはそう単純ではない。

木刻文字は、京都盲啞院の創立に先立つ待賢小学校での実践ですでに用いられていた。古河太四郎を盲・啞教育にいざなった熊谷伝兵衛が盲啞院開業に際して木刻文字を寄付したという記録もある。また、木刻文字や紙製凸字では判別しにくい複雑な字形をしっかりと確認したいときに「(画面の広い)背中を利用した」とも伝えられている。三つの方法は、相互補完的に用いられていた時期がある。

盲目児童凸文字習書

『明治事物起源』（石井研堂著、一九〇八年）という書に、「盲生用凸文字習書出版の始は明治九年十一月なり。盲目児童凸文字習書いろは四十八文字と数字片仮名五十音等　縦七寸横一尺のものにて二十一葉　伊藤庄平《いとうしょうへい》により出版せらる」とある。

京都盲唖院も楽善会訓盲院も存在しない明治九（一八七六）年一一月に、凸字のテキストが製造・販売されていた！　京盲資料室にもこの『盲目児童凸文字習書』が残されている。

伊藤庄平とはどのような人物？　製造方法は？　鈴木力二氏の『図説盲教育史事典』でも、これに関する解明はほとんどなされておらず、謎の一品だった。

ところが、インターネット時代ならではの予期せぬ出会いによって、伊藤庄平その人や製造法に関する、これまで知られてこなかった情報に接することができた。

『盲目児童凸文字習書』の作者・伊藤庄平が内務省に宛てて提出した申請書と、それを許可したことを示す複数の書類がインターネット上に公開されていたのである。次に核心だけ

伊藤庄平が出版した『盲目児童凸文字習書』

を書き写す。

まず、伊藤による「出版《しゅっぱん》版権《はんけん》御願《おねがい》」書である。

一　盲目児童凸文字習書　いろは四十八字　んと并片仮名　五十音数字九〃迄
　弐拾壱葉　壱葉　竪七寸横壱尺
但熟学次第壱枚ツヽ追〃ニ綴込ニ相成申候
　明治九年十二月出版
　御国内ニ於テ盲目字学之儀ハ是迄暗誦ノミ多ク擦リ凸文字習書学業之儀ハ未タ格別開業不相成哉ニ奉存候因テ愚考仕盲目児童習字学ノ為凸文字ニ仕立候書冊ニシテ一切條例ニ背キ候儀無之候間此度出版致度猶版権

免許奉願候也

東京第六大区七小区本所花町拾八番地　　平民　伊藤庄平　満五十年

明治九年十一月六日

内務卿大久保利通殿

次は、申請を受け付けた東京府権知事・楠本正隆の進達および大久保による決裁を記した公文書の写しである。原本では、大久保の書き込みなどは朱色の墨で書かれている。

第二万四千二百六十八号別書之通願出候ニ付進達仕候也　明治九年十一月十六日

東京府権知事　楠本正隆

書面願之趣聞届別紙免許状下渡候事　明治九年十一月廿九日　内務卿大久保利通

伊藤の手に届けられた「免許状」は未確認である。しかし、一連の史料には、教育博物館長・手島精一との関係を示唆する文書も含まれており、信頼できる。

判明した点がいくつかある。庄平（「荘平」とも記した）は、江戸時代から高品質な煙草入れを製造して評判を博した和紙業者・竹屋の職人であった。揉み紙や革紙など、特殊な和紙の製造に長けていた。明治期に竹屋が廃業した折に「伊藤工場主」が独立し、小石川で営業したとする文献もある。

彼が『盲目児童凸文字習書』に用いたのは、「金唐革紙《きんからかわかみ》」を製造する技術だった。『江戸東京紙漉史考《かみすきしこう》』（関義城《せきよしくに》著、一九四三年）によれば、それは「模紙の凹面（を）紙片に凸印」する手法だという。革の代用として和紙を使い、凸を生かして装飾した。凸字の裏に凹みはない。

一八七六年といえば、すでに我が国に西欧の凸字が伝えられていたし、この前年に発足した楽善会の新聞広告も盛んだった。時系列上も矛盾しない。京都盲唖院の創立に先立つ待賢小学校の頃、古河太四郎が最初の生徒・半井緑《なからいみどり》に実際に用いた公算も大である。なお、この凸字教科書の価格に関して、筑波大学附属視覚特別支援学校（以下、筑波校）に現存する実物には「定価二円六十銭」の朱印が押されている。

別の資料も見つかっている。国立国会図書館の近代デジタルライブラリーに収載されていた史料群によると以下のとおり、伊藤の製品は一八七七（明治一〇）年の内国勧業博覧会で、最優秀賞を受けていた。

1. 『内国勧業博覧会出品目録』に、「盲目児童凸文字習書　一冊　仝町　伊藤庄平」とある。
2. 『明治十年内国勧業博覧会出品解説』に、「聾童《こどう》習用凸字扁額」の製法として「桜板ニ文字ヲ彫刻シ器械ニテ美濃紙三葉ヲ打嵌《ダカン》シ文字画ノ凹処ニ唐土ヲ抹《マッ》テ塡実シ其乾定ヲ待チテ更ニ美濃紙三葉を糊貼シ麻糸ヲ綴着シ然ル後薬袋紙ヲ以テ其裏面ヲ貼付ス」と説明されている。「瞽」は、盲目にあたる語（瞽女《ごぜ》の「瞽」）なので、「盲目児童用の凸文字」を額に収めたものであったと思われる。

3.『明治十年内国勧業博覧会審査評語』には、「龍紋　盲児教育用文字　本所花町　伊東《（ママ）》庄平　洋製ヨリ意ヲ着ケ来リ又工夫ヲ以テ少シク改革スル所アリ盲児ヲ文字ニ導ク其功偉ナリト謂《イ》フ可《ベ》シ」と評されている。

庄平の品は高く評価され、最優秀の龍紋賞を受けていたのだ。金唐革紙の技法もかなり分かった。とりわけ、庄平の凸文字が「洋製」から着想され、それに独自の工夫を加えることによって成り立ったと読み取れる部分が重要である。

これは、手島精一が欧米から持ち帰った教育博物館所蔵の外国製凸字を彼が実際に見たことを物語っている。『盲目児童凸文字習書』は、特殊な製紙技術を持った一個人の単なる思いつきではなく、時代の最先端を行く舶来品に結び付いた熱意の発露と見なくてはならない。手島と庄平に交渉があったことについては、庄平の孫にあたる伊藤卓美氏の所蔵資料中に、教育博物館から庄平に宛てた表書きの封筒があることからも分かる。さらに、一八八一・八二（明治一四・一五）年の『教育博物館図書目録』にも「盲目児童凸文字習書　一冊」が明記されていた。
筑波校に『盲目児童凸文字習書』が現存するからには、同校と庄平にはなんらかの交流があり、庄平の作品が授業に用いられた可能性が高い。『東京盲学校六十年史』（六八―六九頁）に、次の記述がある。

凸字原版所有方法
本社学校ニ於テ教授スベキ凸字ノ原版ハ我ニ所有シ以《モッテ》印刷製本等之ヲ市商ニ需《モト》ムルナク尽《コトゴト》ク校内ニ於テ之ヲ製粧シ或ハ手術生徒中其技ヲ成シ得ベキモノニハ配付調整セシメ
（明治一〇年一二月八日意見書）

つまり、楽善会は商品としての凸字教科書を選ばず、自らの力でそれを作製する方針をとっていたと読み取れる。現に、その後の楽善会訓盲院は、大蔵省印刷局の得能良介らに援助を仰ぎながら、ろうあ生徒の職業教育の一端として、盲生用の凸文字教材をたくさん製造している。

蠟盤文字

背書・掌書法（背中や掌に文字を書く方法）、木刻文字、紙製凸字など、文字を知るために用いられた教具や方法を順に紹介してきた。それらは、「墨字」一つひとつの形を伝え、意味や使い方を学ぶことから計算、さらに文章にまで、学習の世界をはるばると広げる素材であった。画数の多い、複雑な字形をどこまで触察できたかという問題を抱えながらも、点字が存在しないという社会的な条件のもとで「墨字」習得や「読書」にかけがえのない役割を果たした。

では、書き方の学習用には、どのような教具が編み出されたのだろうか。盲児が墨字の「書き」を練習し始めるとき、鉛筆を用いたのでは、自分の描いた線が確認できない。鉛筆そのものは徳川家康も手にしたということだが、本格的な輸入は明治初期、国内での量産は一八八七（明治二〇）年に始まったという。後に取り上げるが、東京にも京都にも、盲生が書いた鉛筆文字が残されている。ただし、それは入門期の作品とは考えにくい。ボールペン

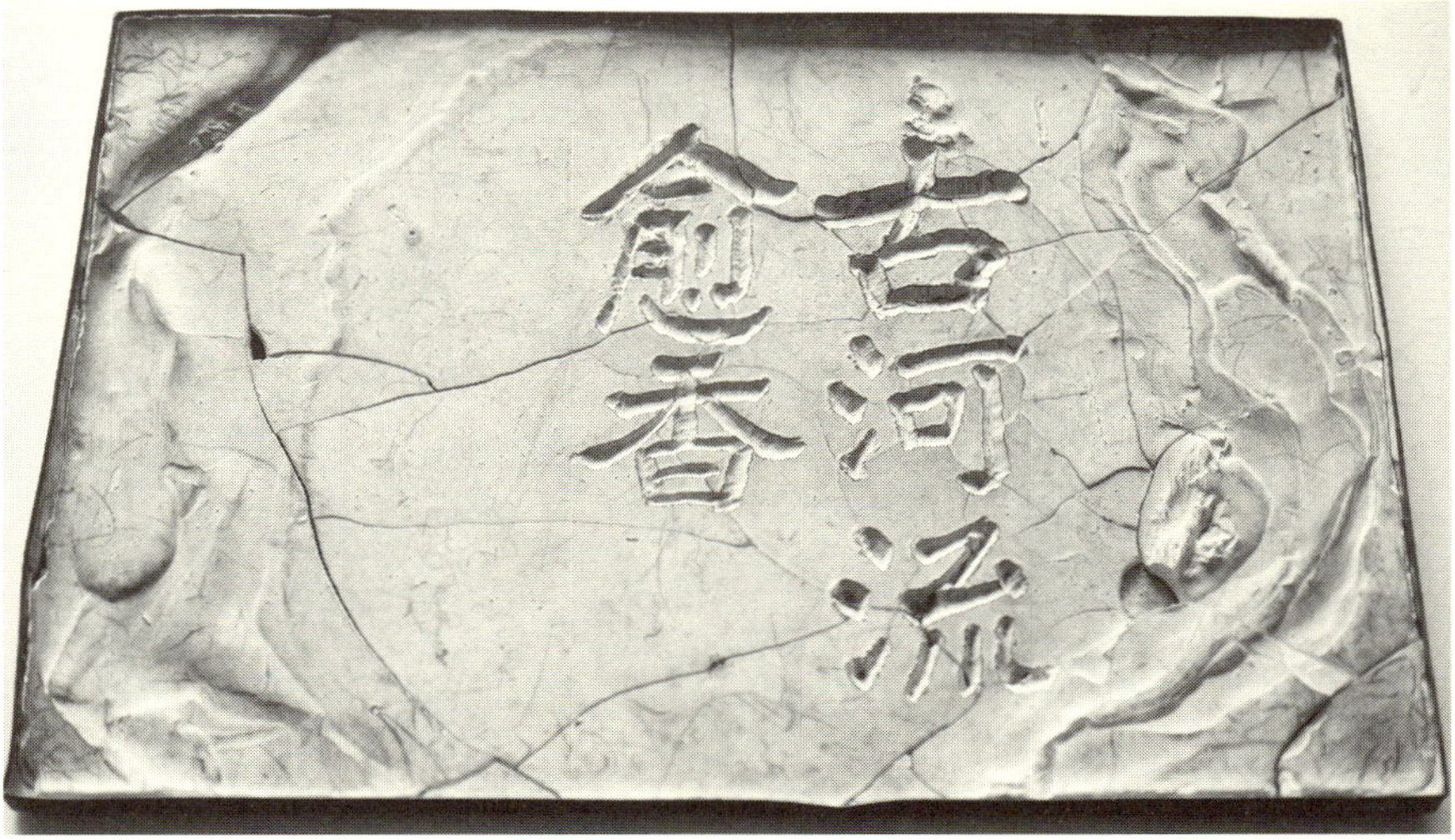

蠟盤に残された「古河流 愈香」の文字

も、まだなかった。万年筆は一八八四年に輸入されたが、高価に過ぎたであろう。

では、墨と和筆はどうか。これは当時、大多数の国民の手になじんだ普段使いのツールであった。安価な品も容易に見つかる。書いた後でしっかり乾かせば、敏感な指先がごわごわした墨の痕跡を感じ取れた可能性はある。だが、墨汁を適切な量だけ筆に含ませつつ、しかもボタボタと落ちてしまわないような筆さばきは、見えない子にとっては非常に難しかった。せっかく書写しても、十分乾くまで筆の跡に触ることができないから、習練に時間的なロスも生じたに違いない。少なくとも、「書き」の初歩にはふさわしくない。

おそらく、そのような考察や実験を経て、古河太四郎がたどりついたのが「蠟盤《ろうばん》文字」であった。実物として残っている蠟盤は一点のみである。それは、縦二三・五センチ、横三三・二センチの長方形で、薄いブリキ板でできた高さ一センチ弱の菓子箱の蓋を上向きにしたような器に、蠟を入れて固めたものである。長い年月に風化したのか、蠟の表面はたわんでいる。その中央に縦書き二行で「古河流／愈香」と五つの漢字が凹状に彫り刻まれている。文字の一つずつはおよそ五センチ四方大である。

「古河太四郎流の教え方や教具」が「いよいよ香る」と称えた文と読めば、これは古河の薫陶を受けた教員の誰かが「先達の発明が今なおつややかな美しさを漂わせている」という思いをこめて刻んだ五文字なのかもしれない。

使用法は次のとおりだ。「器」に蠟を適量入れて下から熱を加え、蠟を溶かす。あるいは、溶かした蠟を流し込んだか。しばらく待つと蠟が平らに固まる。その表面にヘラで字を彫っていく。刻まれた文字をじっくりとなでて字形を把握する。次に、盲児自身がヘラを用いて、手本の横に字を彫ってみる。そして、彫り終えた自分の字と手本とを触り比べて出来ばえを確認する。

自分の書いた字がどういう形になったかを自分で触って確かめることができる！　ここに、この道具の存在意義があった。通常の筆記具を超えた画期的で柔軟な発想。しかも、盤の下から熱を加えれば、何度でも書き直しができるという利便もあった。反面、近くに火（熱源）を置くことへの注意も必要であったと思われる。

一八八二（明治一五）年に古河太四郎が書いた『盲唖教授参考書』には、「運筆ノ軽重要所ヲ示スニハ蠟盤ニ凹字ヲ刻シ之ヲ摸擦セシムルニ当リ教員声ノ軽重ヲ以テ其要所ト筆勢ヲ説クヘシ」とある。「運筆の強弱」まで教えたというのだ。確かに、蠟の柔らかさと立体感はそれを可能にした。そこに疑う余地はない。ただ、線や画が複雑に交差する込み入った文字を表現しにくいなどの難はあったのではないか。

普通の蠟燭を買ってきてレプリカ作りを試みた。ヘラでたやすく文字を彫ることができる。だが、石油由来のパラフィンでは、ぬるぬるした感触になり、不快感が気になる。

ロウについては、一八八一（明治一四）年の備品目録に「蜜蠟」と「晒蠟《さらしろう》」が記録されている。ロウには普通「蠟」という虫偏の漢字をあてるが、にくづきの「臘」の字を用いた史料もある。蜜蠟ならミツバチ、晒蠟なら櫨《はぜ》の木に由来する。粉を吹いて乾燥しているところからみて、現存する蠟盤文字のロウは晒蠟であろう。

自書自感器

盲唖院の「見えない」子どもたちが墨字の書き方を学ぶ上で、「盲生背書掌書法」や「蠟盤文字」は入門用にあたり、その次に与えられたのは「自書自感器」であろう。まず、木製の二種から紹介しよう。

一つは、「使用方法不明」とされてきた。縦二九・七センチ、横三六・八センチ、厚さ一センチの板の上に、雲形定規のような曲線形の板を乗せ、その縁に沿って何らかの筆記具を動かすもののようだ。しかし、文字の書き方を練習する上でどういう意義・役割があったのだろう。今なお謎である。ちなみに、貼付されている「自書自感器」のシールは昭和期のものだ。

もう一つは、分かりやすい。文字通り、「見えない」子にとって「自分で墨字を書いて、自分でその筆跡を感じ取ることができる」ツールだったと納得できる。

縦二七センチ、横三八センチ、厚さ一・八センチの台板の上に、針金で縦横の罫線を施し

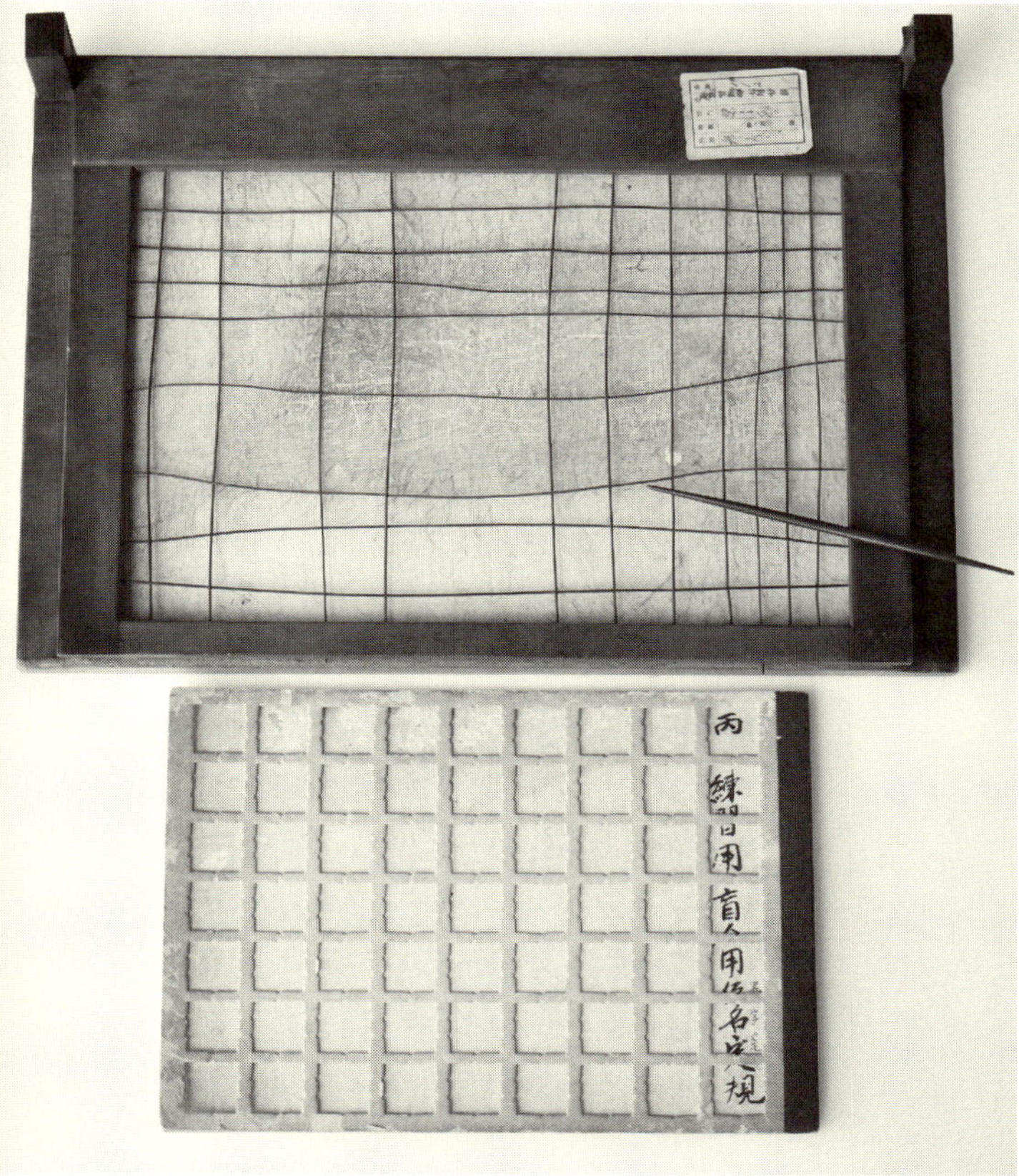

上が木製の「自書自感器」、下は厚紙製の「練習用盲人用仮名（墨字）定規」

た補助板が蝶つがいで連結されている。補助板の手前を持ち上げれば、ほぼ垂直に固定しておける。台の上には一ミリ厚の紙が置いてある。補助板を上げ、厚紙の上に「字を書くための薄い洋紙」を置く。補助板を戻す。そして、利き手に鉄筆を持つ。これで準備はできた。

設計書によれば、針金で形作られるマス目の大きさは、一辺四分《ぶ》を基本に、その倍の大きさなども予定されている。現存する「自書自感器」のマス目は二センチ四方大である。このマス目に鉄筆で墨字を一字ずつ書いていくのである。

晴眼者が鉛筆で書くときのようにさらさらと運筆するのではない。相当大きな筆圧を加えねばならない。ぐいっと押し込むように鉄筆を動かしていけば、厚紙もろとも薄紙に凹んだ線が刻まれる。下に敷いた厚紙の可塑性を利用して、書写を三次元化する。現代のレーズライターが上向きにギザギザの線を作るのとは逆で、薄紙に描かれるのは凹んだ線である。凹のままでは触察しにくいので、書き終えたら紙を裏返し、自分の描いた凸線をなぞって確認する。蠟ではなく、紙に書いて「自感」できる！　生徒たちは喜んだであろう。

上達に合わせてマス目が小さくなっただけではない。素材もさまざまに工夫されていった。木製以外に、次の三つのタイプが現存する。

厚紙製の「練習用盲人用仮名（墨字）定規」――木製は持ち重りするし、製造経費も高くつく。台板も補助板も厚紙にすれば、軽便だし廉価でできる。一マスは二センチ四方。

針金製の「筆記体練習器」――説明のために筆者がこう名付けた。一見、魚を焼く金網のようだ。ただし、針金は縦横に編まれているのではなく、置く角度によって、横または縦の罫として使える形だ。米国の視覚障害児・者がアルファベットの筆記体を練習するのに用いたのを輸入したという。太平洋を渡り、我が国の港に陸揚げされ、教室に運ばれると、英語学習のときは横書き、和文のときは縦書きの罫線として利用できた。一行一・五センチの幅。

今日の視覚障害者が利用する封書・葉書用のスケールに似通っている。

糸罫の「自書自感器」――縦横の罫線を針金ではなく、糸をピンと張ることで表現したものだ。指先の鋭敏さ、鉄筆の先を一マスの中にコントロールできる巧緻性が求められたと考えられる。一マス一・五センチ四方。

京盲資料室には、指物《さしもの》細工に堪能なボランティアの方にお願いして作った木製「自書自感器」のレプリカを複数用意してある。在校生や参観者に実際に鉄筆で線を引いていただき、「なるほど、これなら書ける。指先で自分の書いた線を確認できる！」と実感していただくためだ。実物を劣化から守る目的もある。他の所蔵品についても、レプリカ作りを徐々に進めている。「触って楽しめ、体験できる」ミュージアムを目指していると言えばまだ大げさに過ぎるが。

ところで、すでに読者の胸には、一つの疑念が萌《きざ》しているに違いない。「紙に凹線を引き、それを裏返して読む」のは、確かに悪くない発想だが、それには致命的な欠点があるのではないかと。

この問いに対する古河太四郎の解を次の項でご紹介したい。

表裏同画記得文字

前項で紹介した、紙に凹んだ線で書いた仮名や漢字を裏返して読む「自書自感器」には有効性も認められる。だが、「致命的な欠点」がある。裏返すと、字形が逆転してしまうからだ。古河太四郎はすぐにひらめいた。「左右対称の文字を作ればいい」と。

「盲人用左右対称文字」とも呼ばれるが、「表裏同画記得文字」と記す史料が多い。『明治十二年諸伺』や一八八〇（明治一三）年の『博覧会出品目録』がそうだ。

一九一三（大正二年）に文部省図書局から刊行された『古川氏盲唖教育法』（渡辺平之甫《へいのすけ》編）には「五十音符号文字」という見出しのもと、四種類の「表裏同画記得文字」が掲載されている。しかし、この中に『明治十二年諸伺』綴じ込みのタイプは含まれていない。したがって、古河はそれを少なくとも五タイプ考案したようである。以下、その一つずつを紹介してみよう。

『明治十二年諸伺』に綴じられた「表裏同画記得文字」のア行（a・i・u・e・o）は次

の通りである。aは、直角三角形の直角部を下（手前）に置いたときの左右の斜線の形（ひら仮名の「く」を左九〇度回転させたのに似る）。iは、横向き直線を一本。uは、横向きに同じ長さの直線を二本。eは、aを上下逆にしたもの。oは、縦の直線一本。確かに左右対称

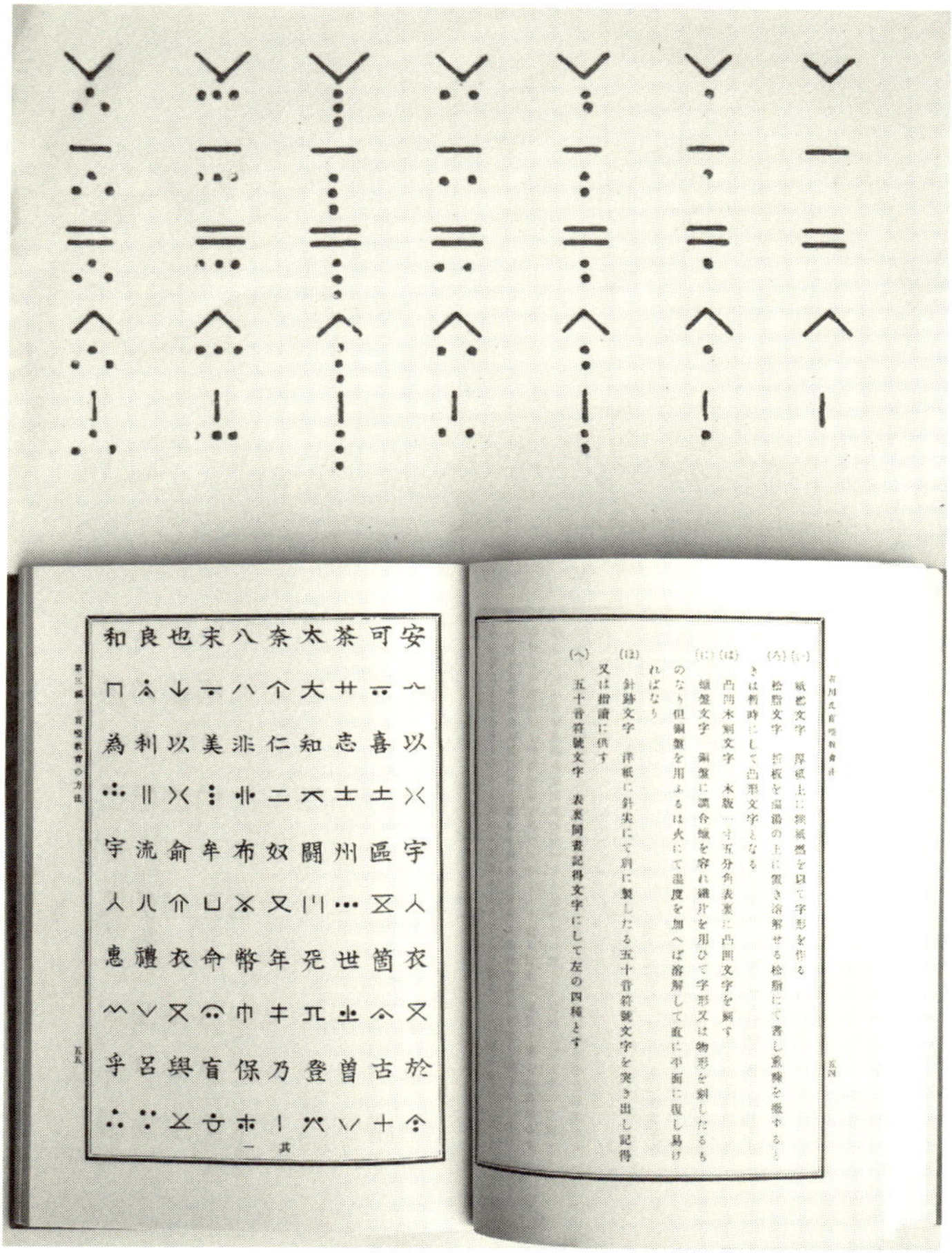

「表裏同画記得文字」。上は『明治十二年諸伺』に綴じられたものの写し、下は『古川氏盲唖教育法』に紹介されたものの一つ

であるから、裏返しても字形は変わらない。
カ行以下は、ア行の字形にそれぞれの行を意味する点を加えて組み立てる。カ行ならば、aの下・中央に点を一つ加えてカとする。その「一つの点」がローマ字のkのような働きをするのである。キ以下も同様にaからoに「点を一つ加える」方法で表現する。サ行は、aからoの下・中央に縦二つの点を加える。タ行は、ア行の下に横二つの点を加える。ナ行は、中央に縦三点。ハ行は、横三点。マ行は、点字のコ（⠪）を右九〇度回転させたような三つの点。ヤ行は、点字のタ（⠕）を右九〇度回転させたような三つの点。ラ行は、縦横二つずつの四つの点。ワ行は、点字のゴ（⠐⠪）を丸ごと右九〇度回転させたような四つの点。そして、濁点は縦に二本の直線（||）のように構成されている。点を利用して文字を造形する発想はどこから生まれたのであろうか。

一方、『古川氏盲唖教育法』に「表裏同画記得文字」として載っている四タイプのうち、「其一」は、カタカナを創出したのに似た手法で、漢字から一部の線を抽出し、左右対称に造形してある。たとえば、「こ・ふるい」と読める「古」という漢字から上部の「十」だけを取り出し、縦横十文字（墨字のプラス記号のような形）に変えて「こ」に充てている。五十音のすべてが基となる漢字を異にするので、点字のような法則性はない。

「其二」は、斜線もしくは一筆書きの曲線に何らかの点を一つだけ加える。

「其三」は、すべて正方形の内側に直線と点を配置するデザインとなっている。ア行のa

は左右の中央上寄りに縦線一本、ｉは上辺の近くに横線一本、ｕは中央にやや短い縦線一本、ｅは下辺の近くに横線一本、ｏは中央下寄りに縦線一本。カ行はそれらの右上角に点を一つ、サ行は右下角に点を一つ、タ行は下辺近くの中央に点を一つ加える。以下、ナ行は左上角に、ハ行は左下角に、マ行は右辺中央に打つ点がｎ・ｈ・ｍの役割を担う。ヤ・ラ・ワ行は変則的な配合になっている。

「其四」は、「其三」に近いが白丸も用いられ、全体としてなんだか点字にも似ている。

さて、「其三」の解説をお読みになって気づかれたであろうか。カ行は右上角に点を一つ加えるから、左右に裏返すと、その点は左上角に移動してしまう。つまり、対称形とは言えない。実は「其二」も「其四」も対称形ではないのだ。これはどうしたことか？――渡辺平之甫の説明は混線していると私は考えている。はっきり言えば誤っている。「其二から四」は「五十音符号文字」ではあるが、「表裏同画記得文字」ではないのだ。

とはいえ、古河太四郎という人の柔軟さは尋常でない。おそらく点字も知っていただろう。ただし、これらを筆記するのに「自書自感器」を実際にどれだけ使ったかはよく分からない。試みられたとは推測できるのだが、明らかにそれを用いたと判断できる作品などが残っていないからである。

墨斗筆管

古河太四郎は一八八二（明治一五）年に『盲唖教授参考書』と題する文書をしたためたが、これは上梓されなかった。

我が国における盲唖教育の実践的な理論書として最初に出版されたのは『盲唖教育論』（京都市立盲唖院、一九〇三年）であるが、それは京都盲唖院教員の中村望斎や渡辺平之甫によってまとめられたものだ。古河の考えや実践に基づきつつも、編著者による解釈が加わっている。その意味では、『盲唖教授参考書』こそが、初期古河の思想と方法をより正確に反映していると見ることができる。

障害理解、教育目標、盲教育と聾唖教育の特性などを展開し、教科指導や教具に関する具体論も述べられている。「見えない生徒に書写の練習をさせる」方法を説明したくだりをそのまま転記してみよう。〈習字〉の項である。

「習字　墨斗書（種々ノ器械ニ拠リ墨斗筆管ヲ用ヒテ書セシメ熟スルニ及ンテハ尋常普通ノ文具ニ

墨斗筆管。円形皿が墨斗、筆には指を差し込む輪の付いた管が接合されている

拠ラシムヘシ)」。別の文書には、「墨斗筆管ハ墨汁作字ノ便ヲ得セシムルモノニシテ案上ノ硯ヲ模索スルノ労ヲ省ク為メナリ」とある。

ここでは「墨斗筆管」を紹介したい。「墨斗管」と表記した史料も存在する。これは和筆によって、文字通り、〈墨字〉を書くのに利用する文房具であった。京都府立盲学校に現存するのは一セットのみ。「管」「筆」「墨斗」の順に述べる。

A=管:細筆の軸を差し込んで保持するための管(金属筒)を指輪状の金属に接合したもの(金属筒の一方は、先すぼまりになってい て、差し込まれた筆を締め付け、固定できるように力が働く構造。指輪のサイズには複数のタイプがある)。

B=筆:一般的な和筆は一五センチよりも

長い竹製の軸の先に穂先がついているが、これは竹軸の部分を五センチほどに切り縮めた細字用の和筆。

C＝墨斗：外径四センチ・内径三センチ、高さ一センチ弱の円形皿の底に綿を敷き詰めたもの（その綿に墨汁を染ませておく）。

これらを、次のように使う。

Aの金属筒にBの軸を通す。↓利き手の人差し指にAの指輪をはめる（このとき、指の背の側にAの管がくるようにし、かつ、筆の穂先が人差し指の先に飛び出すようにセッティングする）。↓人差し指を動かして、Bの穂先をCに当て毛筆に墨を含ませる（このとき、左手でCの外側を軽く握るようにしておき、環状になったその指をスケール代わりにすれば、穂先を誤りなく墨を含んだ綿に当てることができる）。↓人差し指を縦横に動かして紙に字を書く。

見えない人にとって、通常の書道形式で文字の形を整えるのは、不可能ではないにしても、相当の困難を伴う。したがって、筆管を使うときには、一般に行われる毛筆書きのように肘《ひじ》や手首を宙に浮かせるのではなく、肘も手首も紙に載せたまま、主に指先を前後・左右・斜め・円形に動かして線画を描く。

この手法で書かれた二人の盲生の作品が残っている。ここではそのうち山口菊次郎の色紙を取り上げてみよう。漢字一三文字で、「人《じん》只《し》把《は》不《ふ》如《にょ》我《が》者《しゃ》較《きょう》量《りょう》即《そく》自《じ》知《ち》足《そく》」（ひと〈じん〉、ただいまのただ〈し〉、はあくの〈は〉、ふあんの〈ふ〉、ごとく〈にょ〉、われわれのわれ〈が〉、もの〈しゃ〉、ひかくするのかく〈きょう〉、はかる〈りょう〉、すなわち〈そく〉、みずから〈じ〉、しる〈ち〉、あし〈そく〉と墨の色も黒々と書かれている。一つひとつの文字は五センチ前後の大きさだ。

原文は、なぜかアメリカの独立宣言で有名なベンジャミン・フランクリンの言葉だと伝えられてきたが、どうやらそうではない。中国の清代に陳継儒（一五八八－一六三九）が編纂した『小窓幽記』に全く同じ文言が見つかっている。訓読すると「人は只《た》だ我にしかざる者を把握して較量《きょうりょう》すれば自《みずか》ら足るを知る」となる。「自ら」の部分は「自《おのず》から」かもしれない。意味は「人間は、ただ自分でない者を対象に比較すれば、みずから（おのずから）足りていることを知る」とでもいうのだろうか。

筆さばきの面では、「払い」や「止め」の部分にぎこちなさがうかがえるものの、ひどく崩れてはおらず、むしろ骨格の強靭な字と言えよう。同期の谷口富次郎も同様の作品を遺している。

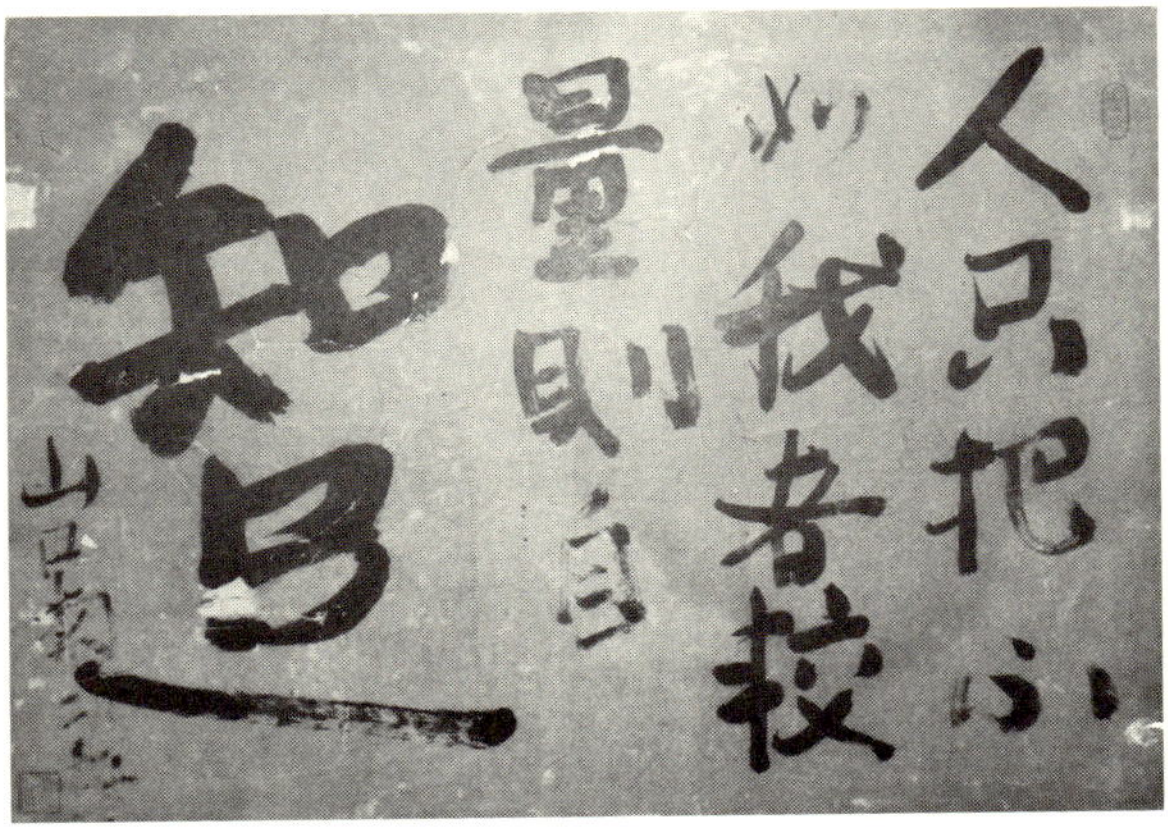
山口菊次郎による色紙

2 読み書き

凸字イソップ

明治一〇年代の視覚障害児は、木刻文字や紙製凸字を丁寧になでることによって、ひらがな・カタカナ・数字・漢字などを一字ずつ学んだ。木刻文字を五つ並べることのできる細長いお盆のような道具を用いて単語を綴る学習に進み、伊藤庄平の凸文字教科書によって掛算・足し算の勉強にも世界を広げた。

教師たちは、次のステップとして、子どもたちを「文章の世界」に誘いたいと志したであろう。

京盲資料室にお越しになる方々から例外なく「驚嘆の声」を浴びるのが、凸字によるイソップ物語だ。同じものが、筑波校にも「東京盲唖学校」と押印されて現存する。東西のどこが産地かははっきりしないが、筆者は東京の可能性が高いとみる。

表紙には墨字で『伊《い》蘇《そ》普《ほ》物語　全』と題されている。縦二七センチ、横一六・五センチ、古文書のように糸で綴り、表紙・裏表紙を含めて三五丁の書物に仕立てられている。糸で綴った側の厚さは〇・六センチ、他は凸字のためにやや膨らんでいる。

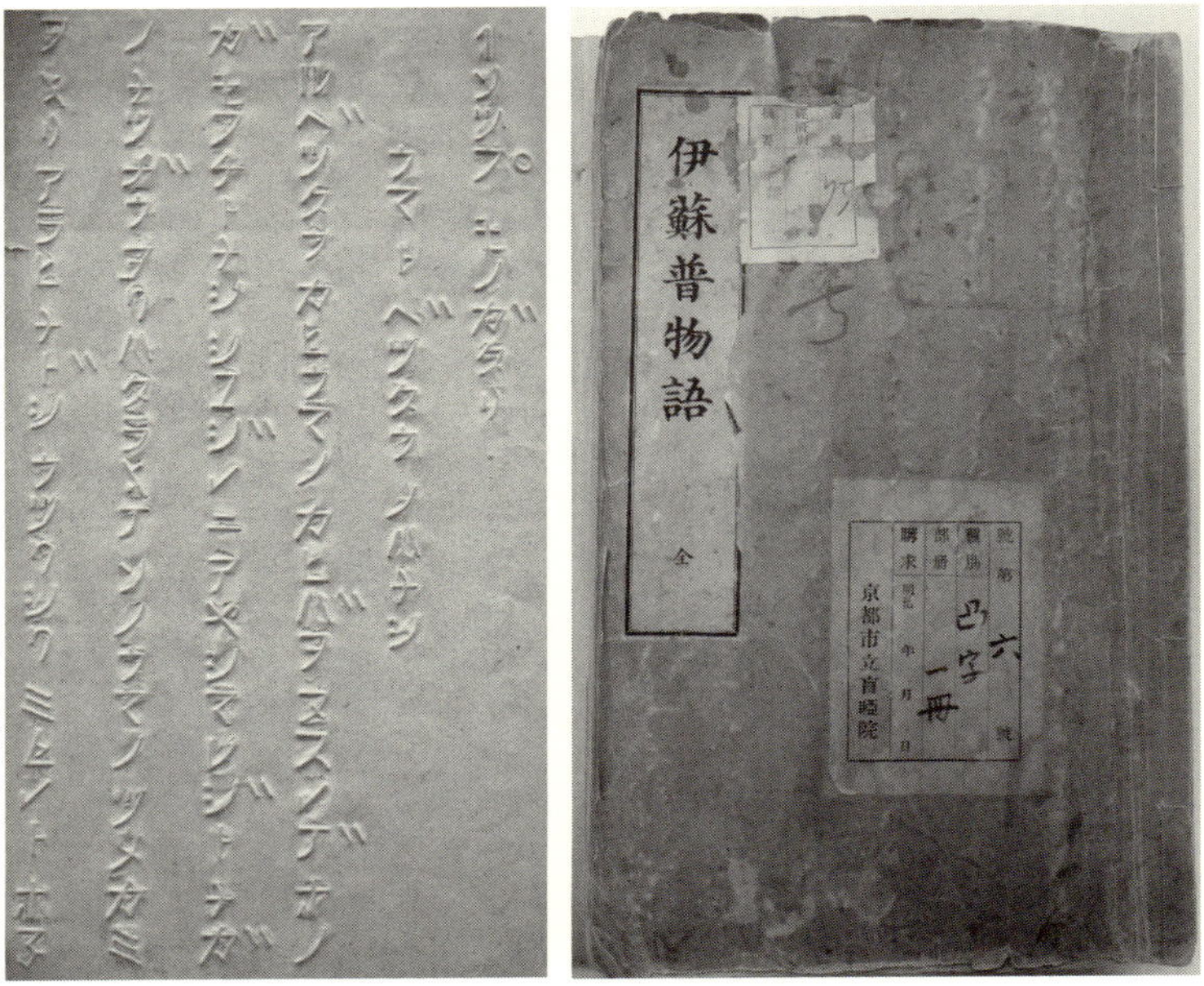

凸字による『伊蘇普物語』の表紙と冒頭ページ

片面のみとなる三三ページの本文はすべてカタカナの凸字になっている。凸線の高さは一ミリ程度、幅は一ミリ余り、清音一字はおおむね縦横一～一・五センチ角のサイズである。裏面は貼り付け紙のないまま剝《む》き出しに凹んでいる。金唐革紙とは違う、単純なプレス方式だ。

冒頭の一ページを原文の歴史的仮名遣いのまま再現してみよう。なお、

「／」は、行替えを示す。

イソップ　モノガタリ／ウマトベツタウノハナシ／アルベツタウカヒウマノカイバヲヌスンデオノ／ガモフケトナシシユジンニアヤシマレジトナガ／ノナツジウヨリハタラキテソノウマノツメカミ／ヲキリアラヒナドシウツクシクミセントホ子／

「ベツタウ」は「べっとう」、「カヒウマ」は「かいうま」、「ナツジウ」は「なつじゅう」である。これを漢字かな交じり文に直すと次のようになる。「馬と別当の話／ある別当が飼い馬の飼葉を盗んで己／が儲けとなし主人に怪しまれじと永／の夏中より働きてその馬の爪髪／を切り洗いなどし美しく見せんと骨／」

このほかに、「子カニと母カニの話」「寺へ逃げ込んだ子羊の話」「鶏と猫の話」「獅子とロバと狐の話」「風と日輪の話」など一四話が収められている。今日知られている題名との異同がにわかには判然としないものもあるが、「風と日輪の話」は、有名な「北風と太陽」だ。イソップ物語の全体にはほど遠いボリュームとはいえ、その興味深い世界を子どもたちに伝えようとする熱意が伝わってくる。

カタカナばかり並ぶと、昔の電報のように語句の切れ目が分かりにくく、読み進むのが難しい。同じく表音文字の点字では、原則として文節ごとにマスあけを施すが、この凸字イソップにはそれに当たる明確な一字あけは少ない。だが、「イソップ」と「モノガタリ」の間には、ほぼ一字分の空白がはさまれている。そして、ところどころに「半角分」の空きスペースが認められる。それを／で表すと、「ウマ／ト／ベツタウ／ノハナシ」のように刻字されている。文節の切れ目とも、単語の切れ目ともつかぬ不統一なものではあるが、仮名書きを読み取るためには字詰め・字間への配慮が必要だと意識されていた可能性がある。触覚での読解を念頭に置いたものだとすれば、なかなか鋭い着想と言える。

注目すべきことに、一部のカタカナは変形されて、たとえば、「ウ」の二画目の縦線、「テ」の一画目の横線が省かれている。単純化の手法だ。「ン」は、「レ」の書き始めの縦線を短くした形に描かれている。「ソ」との違いを際立たせたのだろうか。

さらに、濁点、半濁点が極端なほど拡大造形されている。いずれも五ミリ大。大きい！この思い切ったデフォルメは、触察上の便宜をねらったに違いない。昨今ようやく発展しつつある、弱視者や高齢者にも視認しやすいユニバーサルフォント（ＵＤ書体）に通じる発想として評価したい。明治は、限りなく知恵を湛《たた》えている。

なお、カタカナ凸字の読み物としては、他に『橋ヲ渡ル心配』なども残っている。

凸字『療治之大概集』

近代盲教育の始まった頃、イソップ物語のほか、カタカナ凸字による聖書や解説本なども刊行された。京盲資料室にも『凸字　山上垂訓』がある。

ひらがな凸字の教科書としては、楽善会訓盲唖院の教員・高津柏樹《たかつはくじゅ》によって『ことばのおきて』が編まれた。これは伊藤庄平の技法に似たものだった。ローマ字凸字の『MOJINO　TCIKA　MITCI』（もじのちかみち）も製本された。これは、キリスト教の宣教師がもたらしたアルファベット凸字の技術を模倣したものらしい。どちらも京盲資料室にはないが、筑波校の資料室に保管されている。

ここでは、漢字とカタカナで構成された凸字書をひもときたい。杉山和一の著した『三部書序』『療治之大概集《りょうじのたいがいしゅう》』は鍼按科の教科書として、『吾嬬箏譜《あずまことうた》』『増訂撫箏雅譜集《ぶそうがふしゅう》』は邦楽を学ぶ生徒の必読書として凸字に誂《あつら》えられた。『珠算校本』は、算盤用の練習問題集である。

これらは、線画を凹状に刻んだ活字（およそ一・五センチ角）を縦書きに文章として並べ、

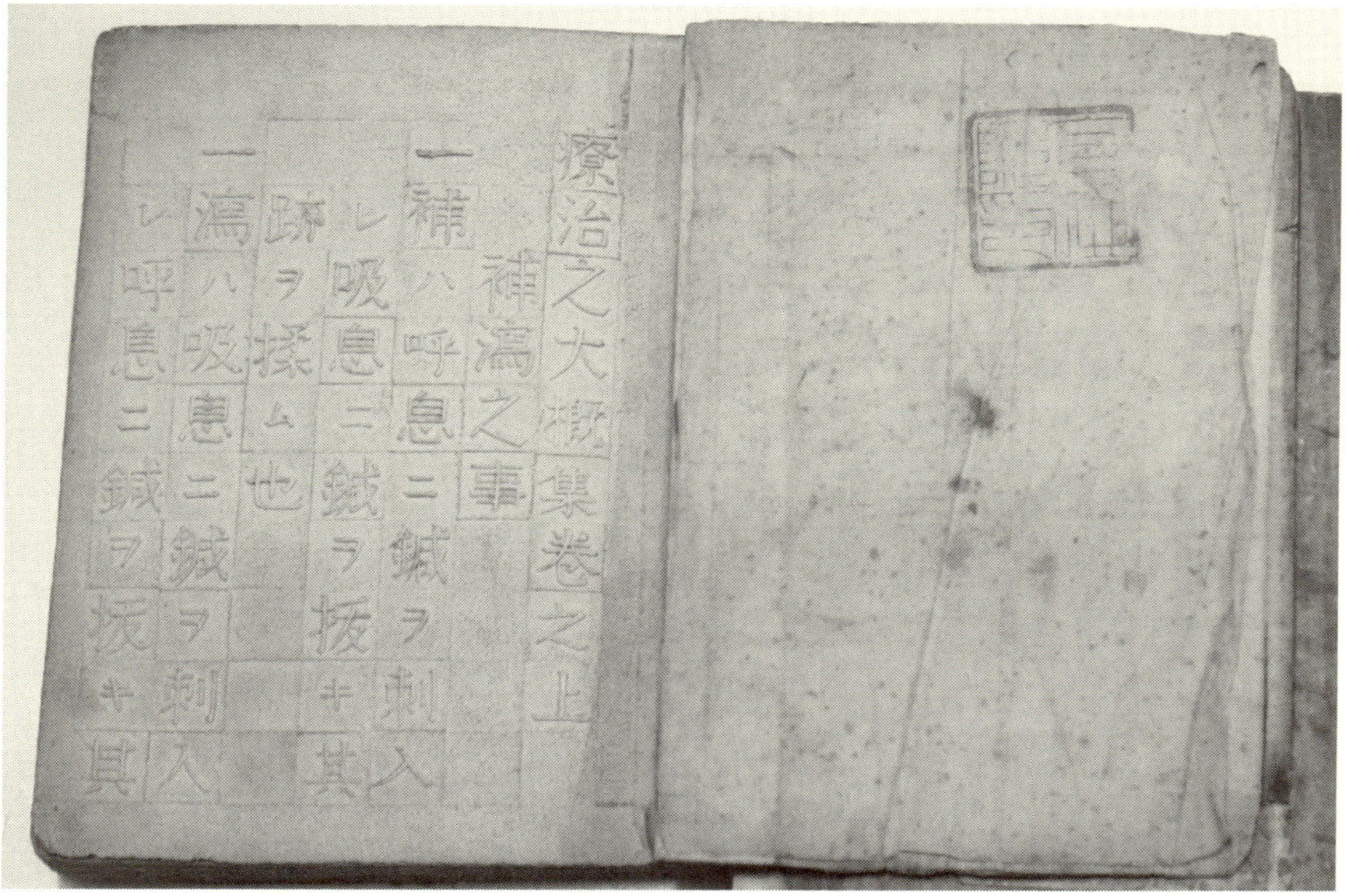

凸字による鍼按の教科書『療治之大概集』

それを一ミリ厚ほどの凸字として紙に写し取る方法で製造された。したがって、各文字の周囲に四角い枠がうっすらと浮き出ている。

漢字交じりの凸文字教科書は、そのほとんどが東京で作られた。宣教師らによる西欧文明の導入路・横浜に近かったし、楽善会が明治政府の中枢や大蔵省印刷局に通じる人脈を備えていたことも功を奏した。京都は、その教育的な有意性を認め、利用にいそしんだ。

『楽善会訓盲院第一期考課状』の明治一三（一八八〇）年の項に、「大蔵大書記官得能良介氏コレヲ凸文ニ製造シテ本院ニ寄附スルノ約アリ」「会友山尾庸三頻ニ力ヲ凸文製造之業ニ尽シ宇都宮某ニ謀リテ已ニ小学生徒心得数葉ヲ製造セリ」と記録されてある。

なお、この引用は、筆者が入手した、明治一〇年代の楽善会事務職員・雨宮中平《あめみやちゅうへい》所蔵文書によるものであり、『東京盲学校六十年史』の明治一三年の項にみられる「大蔵大書記官得能良介之を凸文に製造して本院に寄附するの約あり而して未だならず」という文面とは異なる点もある。他の史料も用いた検証が待たれる。

漢字交じりの凸字教材を用いた指導の進み具合はどの程度だったか。その評価を述べた史料は乏しいが、大内青巒が点字以前の読み・書きを次のように回想している。

> 突起文字と突起文字の印刷書籍を使用して教授したれば、触覚を以て文字を読ましむることはわずかに教授し得たるも書き方に至りては到底完全に教授すること能はず〔中略〕昼夜工夫を凝らして辛苦せしかども概ね徒労に属して遂に盲教育の光彩を発揮せしむること能はず

つまりは、点字が圧倒的に優れていたわけだ！

だが、現実問題として当時はまだ点字が存在しなかった。一方、教育において文字は不可欠である。明治初期の試行から、コンピュータ時代の墨字教育を考えるヒントを得たい。

ここに、『療治之大概集』の本文一ページ目と『増訂撫箏雅譜集』の目次の一部を転記す

る。使用された漢字の難易度、教育内容の水準をうかがい知る助けになるだろう。前者には、「療治之大概集巻之上／補瀉之事／一補ハ呼息ニ鍼ヲ刺入／レ吸息ニ鍼ヲ抜キ其／跡ヲ揉ム也」（／は行替えを示す）とある。後者には、「六段」「八段」「桐壺」「須磨」「明石」「梅ケ枝」「心尽」などの代表的な曲が並んでいる。

これらのすべてにではないが、巻末に奥付があり、製造者が明記されている。ある一冊には「楽善会訓盲院唖生徒等製造」とあり、別の一冊にはより詳しく「高木慎之介　吉川金造」らの実名が加えられている。実在する唖生であった。

つまり、ろう教育の成果として、盲生のための教科書が製作されていたのだ。生徒がどれほど自発的であったかは不明だが、楽善会の理念・着想の一つの要をそこに読みとることができるのではなかろうか。ちなみに、吉川は、小西信八の秘蔵っ子であった。伴われて各地に赴き、発語や席書を披露し、盲唖教育の普及に貢献した。彼はまた、後に京都ライトハウスを創設する鳥居篤治郎《とくじろう》が若い頃に赴任した三重盲唖学校の先輩教員で、着任の雑務など親切に世話をしてくれたと鳥居が書き残している。

盲生鉛筆自書の奥義

古河太四郎たちが創案したさまざまな教具・教材を検討してきた。多くは、いわゆる墨字（仮名・数字や漢字）を盲目の児童・生徒に習得させるための工夫であった。

「自書自感器」の類は、要するに「行や文字の大きさを枠によってコントロールする」方法である。これらの教具により、文字列が乱れることを避け、文字サイズを揃えることが可能になった。縦・横のサイズが幾種類か用意されていたから、どのタイプにするかを「選択する」こともできた。しかし、「枠に縛られた、自由度の低い書法」と言わざるをえない。

それに対し、「盲生の習字」の奥義とでも言おうか、究極の方法が編み出されている。「鉛筆書　其折目ノ凸所ノミヲ表面ニ形《アラ》ハシ其折目條中ニ書ス」という方法ならば、「自書自感器」を使わずに、書字の大きさを調整し、行のゆがみを防げるというのだ。だが、説明が簡潔すぎて、分かりづらい。

古河による別の文章（『京都府盲唖院出品説明書』から）を引用してみよう。原本には句読点がないので、相当の所に一字の空白を施す。

盲生作文　并　鉛筆自書

盲人ノ既ニ器械ヲ用テ作字ニ熟セルモノハ　一方ヲ設ケテ字ヲ書セシム　即チ器械ノ
助ケヲ藉《カ》ラス　先《マ》ツ其用紙ヲ巻キ　適宜ノ字行ニ折目ヲ付シ　之ヲ圧シテ凸起セシメ

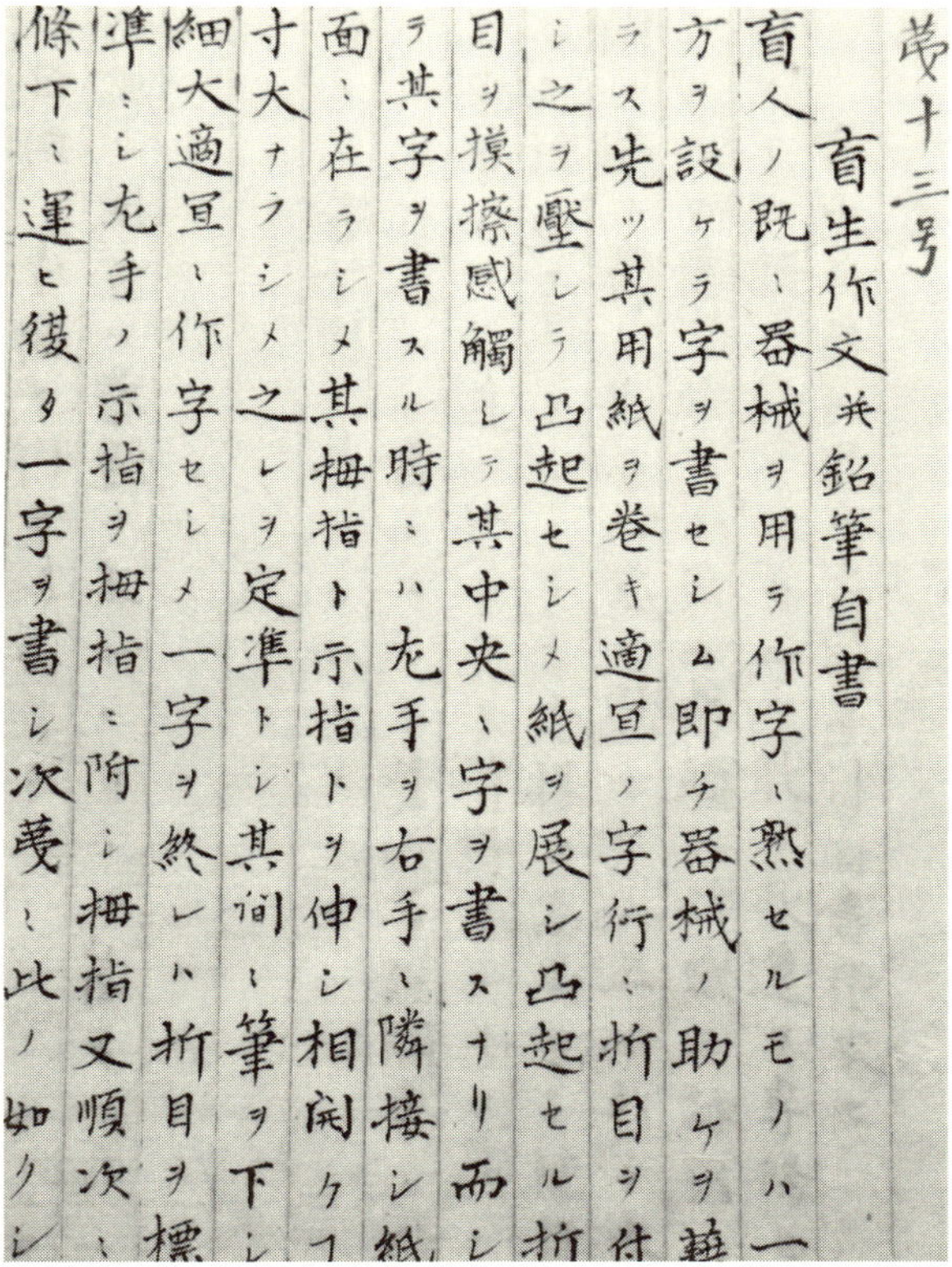
第十三号
盲生作文并鉛筆自書
盲人ノ既ニ器械ヲ用テ作字ニ熟セルモノハ一
方ヲ設ケテ字ヲ書セシム即チ器械ノ助ケヲ藉
ラス先ツ其用紙ヲ巻キ適宜ノ字行ニ折目ヲ付
シ之ヲ壓シテ凸起セシメ紙ヲ展シ凸起セル折
目ヲ摸擦感觸シテ其中央ニ字ヲ書スナリ而シ
テ其字ヲ書スル時ニハ左手ヲ右手ニ隣接シ紙
面ニ在ラシメ其拇指ト示指トヲ伸シ相開ク
寸大ナラシメ之レヲ定準トシ其間ニ筆ヲ下シ
細大適宜ニ作字セシメ一字ヲ終レハ折目ヲ標
準ニシ左手ノ示指ヲ拇指ニ附シ拇指又順次ニ
條下ニ運ヒ後タ一字ヲ書シ次第ニ此ノ如クシ

『京都府盲啞院出品説明書』の「盲生作文 并 鉛筆自書」引用部分

紙ヲ展シ　凸起セル折目ヲ摸擦感触シテ　其中央ニ字ヲ書スナリ　而シテ其字ヲ書スル時ニハ左手ヲ右手ニ隣接シ紙面ニ在ラシメ　其拇指ト示指トヲ伸シ　相開クコト寸大ナラシメ　之レヲ定準トシ　其間ニ筆ヲ下シ　細大適宜ニ作字セシメ　一字ヲ終レハ折目ヲ標準ニシ　左手ノ示指ヲ拇指ニ附シ　拇指又順次ニ條下ニ運ヒ　復タ一字ヲ書シ　次第ニ此ノ如クシテ　日用ノ手簡ヲ作ラシムナリ

これはこれで、微に入りすぎて、かえって読み取り難いかもしれない。多少語順も変え、言葉を補って現代風に改めてみる。以下は、右利きの人が日本文を縦書きすることを想定した説明である。

すでに「自書自感器」などを用いて「墨字の書き方」に習熟した盲人には、一つの方法を用意して字を書かせる。この方法では器具の助けを借りない。まず、紙を巻き、行間に相当する位置に適宜折目をつける。その部分を強く圧迫して凸状の線に仕立てる（通常の罫線のようにインクで描かれた線ではないが、凸状であるから、見えない人にも触ればその線が分かる）。それから紙を広げ、触って凸線を感じとり、左右二本の線の真ん中に字を書く。このようにして字を書くときには、紙の上で左手と右手を近づけるほうがよい。まず、これから字を書こうとする空白部分の左側にある凸線の向こう端に左手の親指と人差し指をぴたっと合わせて置く。これがスタートだ。そして、親指だけを手前にずらし、親指と人差し指の先を少し空けておく。親指と人差し指のこの間隔を基準として、その右の空白部に一つの文字を書く。その際、文字の大きさは、（右側の凸線をオーバーしない範囲で）適宜に選べばよい。一文字書き終われば、（いわゆる尺取虫の這う要領で）左手の人差し指を親指にくっつけた後、親指をさらに手前にスライドさせる。そして、また一文字書く。このようにして、しだいに日用の手紙などを書くことができるようになる。

確かに、周到に設計されている。この手順を試みてみたところ、案外たやすく真似ることができた。なお、紙そのものに網目などを利用して罫を施すことやフリーハンドで書くこともかなり行われたようだ。鈴木力二氏は、東京盲唖学校と焼印された文字書記盤（点字器のように紙おさえで紙を固定し、鉛筆等で書く）を『図説盲教育史事典』で紹介している。

盲生の鉛筆習字

その未発表史料は、「48㎡の宝箱」の底で静かに眠っていた。十余年前、当時の資料室担当者が長年閉じられたままの扉を開けてみた。すると、「盲生習字」がひっそりと横たわっていたのだ。鉛筆で書かれた作品である。

盲啞院の教育成果を普及したかった古河太四郎は、生徒の優れた成績物に厚紙で裏打ちをし、各地の教育展覧会などに出品した。長らく放置されていたので、埃が表面にこびり付いて、書かれている文字の読み解きは容易でない。

四枚ある書き手のうち二人は、京都盲啞院の第一期生で、山口菊次郎と小畠てつだ。この両名は間違いないが、後の二枚は未解読。

山口菊次郎は、在学中、点字を習うことなく墨字教育だけを受けた。卒業後、彼は母校音曲科の助手・主任を務めた。巖《いわお》と改名し、後には音楽取調掛として東京音楽学校（現・東京藝術大学）で邦楽教授に当たった。多くの箏曲譜を校閲・出版し、大正から昭和にかけて

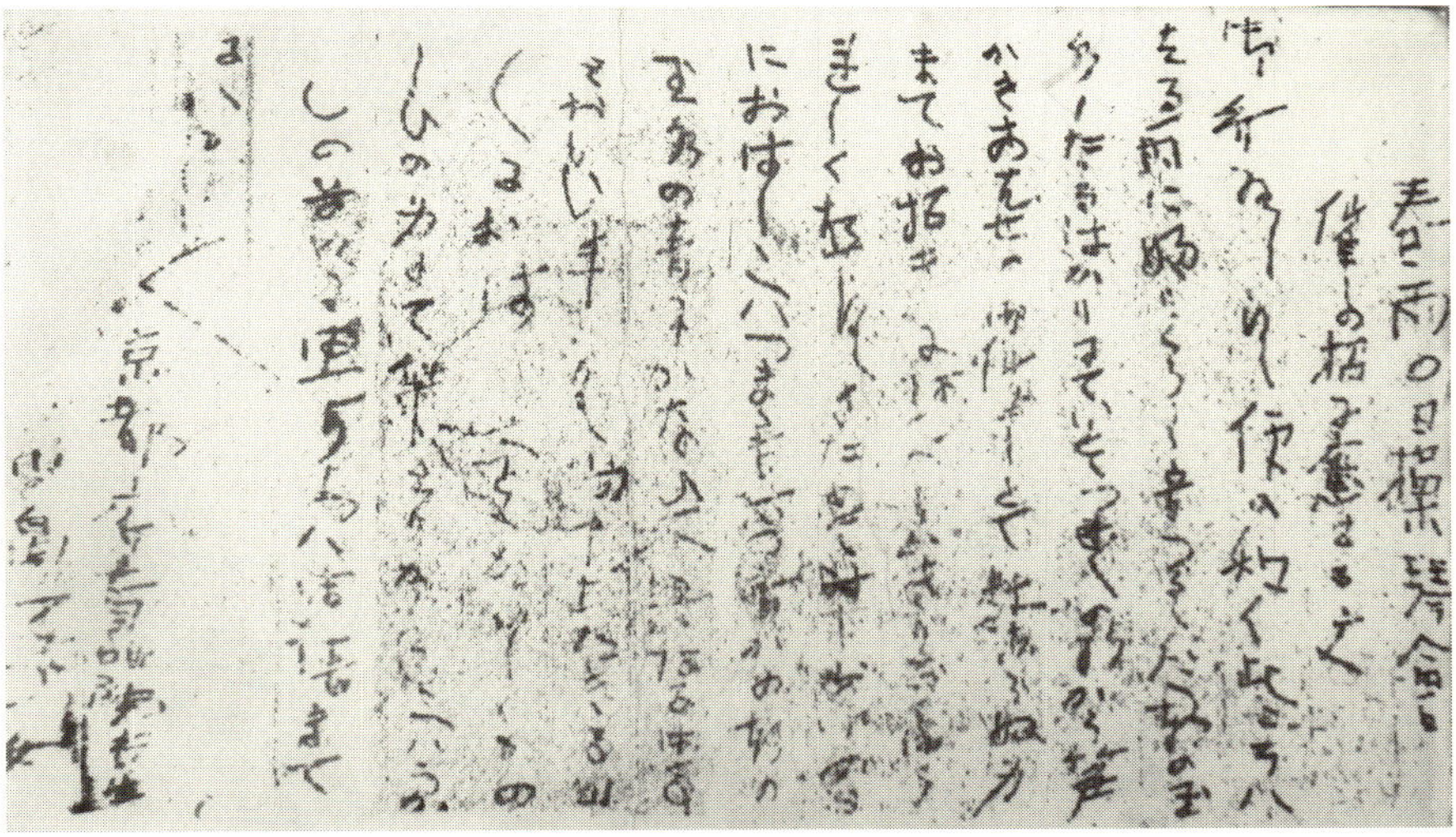

小畠てつの鉛筆習字「春雨の日操琴会催しの招に応する文」（デジタル撮影をし、ノイズを減らした写真）

『三曲』誌にもしばしば原稿を寄せ、全国に生田流を広める役割を果たした。当道会の検校ともなった。彼の後任として東京音楽学校の邦楽を担ったのが宮城道雄である。

山口の筆跡は、数分の一しか判読できていない。かろうじて読める箇所を連ねてみよう。

京師ニハ盲唖院ヲ開設セラレ普通学科ヲ●リ尚自己食力ノ礎●得セシメン為●各
性質ニ適フノ専修科ヲ設ケラレ〔…〕幸甚〔…〕天稟ヲ缺●●者有之候●未夕徒手素●食ハ齎ラスニ応シ〔…〕入学〔…〕懇情〔…〕京都府盲唖院瞽生　山口菊次郎

「京師」は「京都」を指す。正確な文意は不明と言わざるをえない。タイトルが「他郷人ニ本院ヲ勧ム文」であろうと判読できるので、盲唖院の現況や生徒としての喜びを描き、京都市域以外に暮らす人々に入学を勧奨する文面であった可能性が高い。

書き手の名前が分からない作品には「按擦術科」という語句が登場するものもある。鍼按教育を主題に、山口と同じ趣旨で書いたのかもしれない。

小畠てつは、「てつ女」とサインしている。当時、女性の名の末尾に「女」を添えることはしばしば行われた。小畠てつは、音曲科を卒《お》え、昭和の初めまで京都市内で「お琴のお師匠さん」として立派に生きた人である。盲唖院の春季大試験や慈善音曲会を報じた『京都日出新聞』の記事にも名前が載っている。彼女の鉛筆字はよく整った書体と言える。

春雨の日操琴会催しの招に応する文／御●●●●せ候便の如く此ころハ／はる雨にふりくらし音つれ候たた朝の玉／水した、るはかりにていと、つれ〳〵の折から筝／かきあはせの御催しとて数ならぬ身／まてお招きにあつかりかきりなく●う／れしく存しまいらせ候さためてみて●の日／におはし候へハつま音●つ音かの朝の／玉水の音にかなひて興なる御事／とおもひ●まいらせ候尚申上たき事山／〳〵におはし候へともかなしくもめ／しひの身にて筆●●●●●候へハうか／、ひの節にゆつりまづハ御礼まて／

に候／京都府盲唖院盲生／小畠てつ女
（備考：不確かさの残る仮読みである）

邦楽の温習会か何かに招かれての答礼である。招待は実際に行われたのかどうか。時候の挨拶、「お招きにあずかった」喜び、当日を楽しみにする心境が綴られている。「朝の玉水のしたたり」に季節を描き、それを琴の音色につないでいく。音を大切に生きている様子が思われる。「めしいの身」といううくだりには哀しみも漂うが、芸の上での謙虚さの反映でもあったろうか。「書けるようになった」喜びと「墨字を使いこなしきれない」もどかしさとが同居している。

四枚いずれにも縦の折り目が施されている。小畠てつ作品には「おはし」の「はし」などが続け書きになっている。縦横格子状の針金などのある自書自感器を用いたのではこうはいかない。「盲生鉛筆自書の奥義」に沿って仕上げられたに違いない。

スラスラと読める極上の出来ばえだが、本人には読み返せない。換言すれば、晴眼者社会への適応が優先され、盲生側にのみ学習負担を強いるものではあった。

訓盲雑誌

「ハナハホキ一ハ・ムサシノク）（ムノキホ・リホゴマダコ・ニ）……」。これは、凸字雑誌『訓盲雑誌』第二号の冒頭である。従来、まったく紹介されてこなかったわけではない。鈴木力二氏は『図説盲教育史事典』に、写真を載せた上で「明治二十三年五月一日発行、第二号、毎月十五日発行、東京浅草区須賀町十四番地、訓盲社発行、編集人　比田虎雄、印刷兼発行人　大庭伊太郎」と説明している。それは表紙と裏表紙の凸字印刷の抜粋だが、原本には次の文字もある。

「逓信省認可」「本誌定価及郵税表　本誌一部金六銭　郵税金五厘　三ケ月分前金金三十三銭（中略）六ケ月分前金金六十銭（中略）一ケ年分前金金一円八銭（中略）代金御逓送ハ下名大庭宛テ浅草郵便局へ御払込ヲ乞フ　郵便切手代用一割増コト」、「明治二十三年四月三十日印刷　明治二十三年五月十五日発行」。

逓信省の認可を受け、郵便による購読を想定した、盲児・盲人用の凸字による「学習雑誌」が、少なくとも二号までは出版されたのだ。盲教育雑誌の嚆矢と言えようか。同年（一八九〇年）一一月一日には東京盲唖学校において石川倉次の点字が選定される。その寸前に凸字文化が到達した精華と評したい。

もう一人は、映画にもなった『ふみ子の海』の著者として知られる児童文学者であり、高田瞽女《ごぜ》の研究でも多くの業績を残した、市川信夫氏。『上越タイムス』連載の「旧高田盲学校史料」で言及しているが、製本上の特徴と本文の内容に及ぶ解説に新味がある。

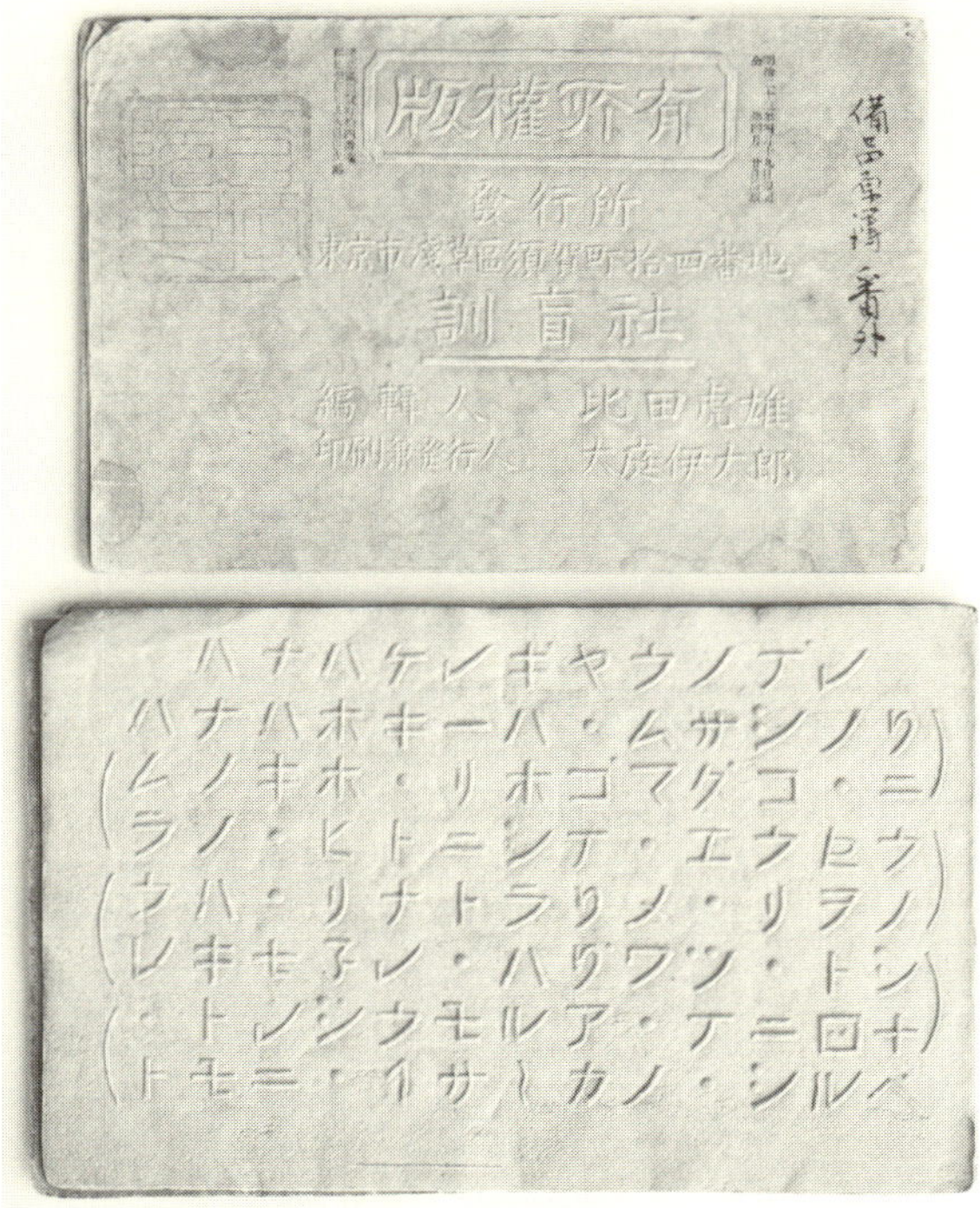

『訓盲雑誌』創刊号の表紙（上）と第二号の「塙保己一伝」冒頭（下）

「凸字を印刷した厚紙を八つ折りにした八ページの誌面に『塙《はなわ》保己一《ほきいち》伝』などが掲載されています。カタカナ横書きで最初は左から読み、行末で次の行は右から読むというような工夫がしてあります」と。さらに、「凸字文化の広がりと実用化がわかります」とも添えられている。説明の仕方を少し変えてみよう。「八ページ」とあるが、八ページ（四枚の紙）を綴じてあるのではない。一枚の大きな横長の長方形の紙に縦三本、横一本の折り目が施してあり、手順に沿ってたためば八ページの本のように読んでいくことができる「折本」式になっているのだ。元の広げた状態では、上段は正しい向きに、下段は上下逆に文字が配列されているが、たためば、すべて正しい向きに揃う。一ページあたりのサイズは縦一四・二センチ×横二〇・〇センチとなる。

塙保己一の伝記の一ページ目は左から右に向けて次のように書かれている（・は、分かち書きの区切りを意味する）。

ハナハホキ一ハ・ムサシノク）（ムノキホ・リホゴマダコ・ニ）（ラノ・ヒトニシテ・エフセウ）（ウハ・リナトラクメ・リヲノ）（レキ七ネン・八グワツ・トシ）（・トンジウモルア・テニ〇十）（トモニ・イサ、カノ・シルベ

今度は読めただろうか。市川氏の説明を広げていうと、「奇数行は左から読み、偶数行は右から読む」ように設計されているのだ。イギリスの盲人用文字ムーンタイプの並べ方と似ている。

原本では、奇数行の右端に次の行にまたがる記号「）」が、偶数行の左端に次の行にまた

がる記号「(」が浮き出している。つまりは、行替えに関わる指の動きをリードし、省エネ化するのがねらいだ。一つの知恵だが、右から遡行する偶数行は読みにくかっただろう。

漢字かな交じり文に直せば次のとおり。

埼保己一は　武蔵の国　児玉郡　保木野村の　人にして　幼少の折り　盲となり　宝暦七年　八月　年十〇《ママ》にて　ある盲人と　ともに　いささかの　知るべ

この雑誌の創刊号について書き加えよう。一八八〇（明治一三）年四月一九日印刷・同二〇日発行で、サイズは第二号より一回り小さい（縦一三・六センチ×横二〇センチ）。たたみ方も異なる。空白のページがあり、実質は表紙を含めて六ページ分、内容は「五十音及数字」である。五十音は三種のサイズ、すべてカタカナで示されている。字形には触察に配慮したデフォルメ（線の削除等）が認められる。第二号以降を読む人のために、使用文字の一覧を示す編集だったと推定しうる。

点字の出現によって、まもなくこの雑誌の存在意義は薄れていったと考えられる。読者数はどこまで伸びたのだろう。比田虎雄、大庭伊太郎もまた深い霧のかなたの人である。

3 数を計る

盲人用算木

京都盲啞院の院長となってからの古河太四郎は、すべての普通教科を担当したが、それ以前から数学への関心が強かったらしく、資料室に保存されている「古河家文書」（重要文化財指定外）の中には、彼が取り組んだ代数・幾何の問題やそれに関する計算の書き込まれた反故紙《ほご》が大量に現存する。多元方程式、開立法（立方根）、開平方（平方根）、複雑な幾何問題などもこなしていたと読み取れる。

そんな古河が算数・数学に関する指導法の研究に熱中したことは容易に想像できる。ここで取り上げる盲人用算木が彼の発明と言い切れるかどうか定かではないが、そうでない可能性よりも、そうである可能性が高いと筆者は考えている。

算木の発祥は古代中国で、日本には奈良の東大寺二月堂に平安時代のものと推定される実物がある。算木を並べるための紙や布を「算盤《さんばん》」と呼んだ。江戸時代の和算家などは算木と算盤を用いて、加減乗除はもちろん連立方程式や高次方程式も解き、円周率も求めていた。

算木は、細長い木片である。占いの世界にも細長い算木があるが、計算用の算木はそれよりも比較的短い。その置き方によって数を表現し、計算を進める。並べ替えの作業は、縁のない平面の上で行われることが多かった。そのままでは、盲生にとっては手順が込み入る上に、散らばりがちで扱いにくかった。

工夫は、二つある。一つは、木片に数に応じた凹線を彫ることによって、目が見え

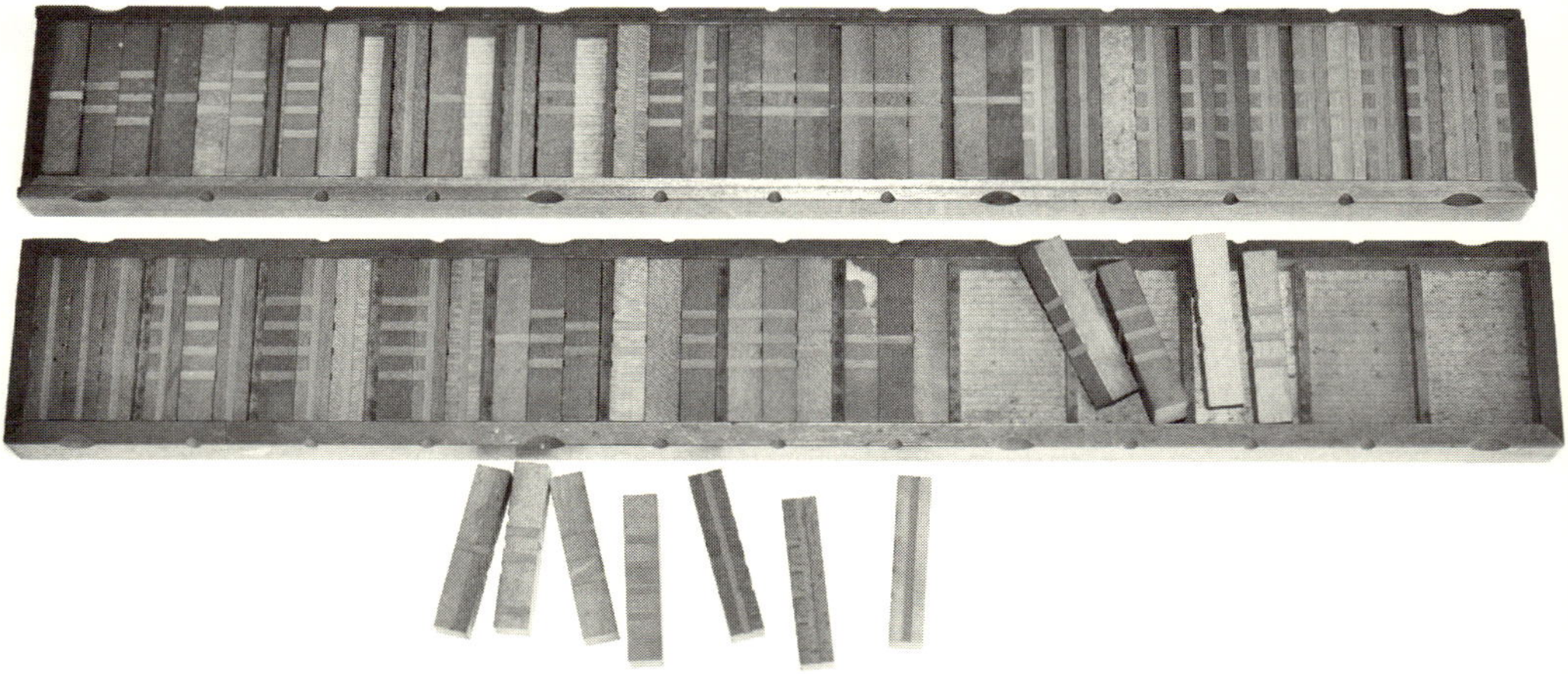

算箱に収められた盲人用算木

なくても、指先の感覚で数を確認できるようにしたことである。これは、文字を三次元化した木刻凹凸文字と共通する発想といえよう。

もう一つは、算木を並べ替える作業を、木製の枠の中で行うように改善したことだ。墨字学習の際に、木刻文字を並べやすくするために用意された「筆箱の底箱」によく似た木製の枠である。その中に算木をきちんとそろえて配列することで、作業もスムーズにできるし、並べた計算式が乱れることも防げる。この類似が、盲人用算木を古河の考案ではないかと推測する根拠である。便宜上これを算箱と呼ぶこととする。

盲人用算木は、二種ある。いずれも約九ミリ×九ミリ×四五ミリ弱の直方体だ。タイプ1は、その細長い四つの面に、〇本、一本、二本、三本のいずれかの凹線が横断する（これは、凹線の数で0から3までの数を表す）。タイプ2は、同様の凹線が四本ある面（4を意味する）と、縦断する凹線が一本刻まれている面（5を意味する）と、一本の縦断線から四つの横断線が派生する面（9を意味する）と、空白の面を持つ。

算箱は、五ミリ厚の木の板で作られ、内のりが横三九〇ミリ、縦四五ミリ強となっている。実際の計算は、横長に置いた算箱の中で行う。これには算木三本を並べても余裕のある幅（二八ミリ）ごとに仕切りがある。仕切られた枠内に算木を置いて数を表現する。0、1〜5、9は一本で表せる。6から8までは二本を用いる。5＋1、5＋2、5＋3となるように。晴眼者用の一般の算木は、たとえば4を表すためには四本、9を表すためには五本を並べる必要があって、煩《わずら》わしかった。盲人用算木は、わずか二本を活用してすべての数を表せる。視覚障害への対応だけでなく、ユニバーサルな要素を持つ。

内山昭氏は、『計算機歴史物語』(岩波新書、一九八三年)で、盲人用算木にヒントを得て、奈良・平安時代の算木に線の数を溝で表現したものが存する理由を「現代のように明るくなかったから、視覚より触覚に頼ったのではないか」と推定している。

ちなみに、盲人用算木は、東京理科大学の近代科学資料館にも所蔵されている。

盲人の行う計算をめぐって、洋の東西で工夫が凝らされてきた。福沢諭吉は、『西洋事情初編』の中で、西欧の盲院を訪れた見聞として「算術にも別に器械あり。その形ち算木の如し。之を転用して加減乗除より天文測量の難算に至るまで成らざるものなし」と記している。その用具の実体が伝わっていないのは残念だが。

日本では、盲目の和算家・関根熊吉が一九〇一(明治三四)年に考案した「関根訓盲算盤」が注目される。算木に似ているが、数の表し方などに独自性があり、代数にも対応できたとされる。こちらは、その実物と使い方のテキストが現存する。関根は、福島県富岡の人で、原発事故の影響を被った町々の神社には彼が奉納した算額(和算の問題や解法を書いた額や絵馬)が復元・保存されている。

記憶と手の技をいかんなく発揮した先人たちの姿から、「算術・数学」における視覚障害者の可能性にも思いを馳せたい。

盲人用算盤

古河太四郎が考案した教具の中で最も知られているものの一つが、古河式盲人用算盤《そろばん》である。「半顆《はんか》算盤」とも「半珠《はんだま》算盤」とも呼ばれた。「半球《はんだま》算盤」と書かれた文献もあるが、「珠算」の「珠《たま》」であるから、「半珠算盤」のほうが適切だと考えられる。

市販の一般的な算盤は、指の動きを敏感に反映し、珠が円滑に動くのが良品とされるだろう。しかし古河は、それでは「手の摩擦により算珠の転動し易きにより数位を乱すの害あり」と気づいた。盲啞院に通う子どもたちは、洋服でなく、筒袖の着物を着ていた。不用意に腕を動かすと、袖の先が珠を乱すという不具合も生じたに違いない。出来あいの算盤には、見えない子らにとって、位取りを認識する点でも不便さがあった。

「半珠算盤」は、三つの特色を持っている。

①算盤に底板を貼り付けた。

半顆算盤（上）とこはぜ算盤（中・下）

②珠の下部三分の一ほどを切り取った。
この二つの改良によって、珠は、軸に貫かれて宙ぶらりんの状態に浮くのではなく、下端が底板に接触する仕様に変わった。その結果、珠と底板に摩擦力が働く。すると、指や袖に影響されて珠が乱れる現象が減殺される。同時に、珠がぐるぐると回転しないので、扱いやすい。

③上下の枠、五珠と一珠の間の梁に、刻み、もしくは鋲を施した。
これによって、普通の算盤に描かれている定位点が見えなくても、くっきりした触感によって位取りを把握しやすくなった。

以上の要点を、古河自身が説明した文

章がある。『京都府盲唖院出品説明書』の中の、「盲生半顆算盤」の項である。

尋常ノ珠算盤ハ盲人ノ運算ヲ課スルトキ手ノ摸擦《モサツ》ニヨリ算珠ノ転動シ易キヨリ数位ヲ乱スノ害アリ此算盤ハ即チ此害ヲ防カン為メニ製セルモノニテ算珠ハ悉《コトゴト》ク其半球ヲ欠キ欠処ヲシテ殆《ホト》ント盤底ニ触レシメタレハ回転自由ナラス為ニ算数ヲ混乱スルノ患ナシ又算盤ノ上下両辺及ヒ背梁ニ大小ノ凸所ヲ施シタルハ以テ定位ノ標準ヲ摸識スルニ便セルモノナリ

念のために説明を加えると、古河の創作した「半珠算盤」は、現在の「四珠」式ではなく、一の珠が五個ある「五珠」であった。全体のサイズは算盤としては比較的大きめだ。一八八一（明治一四）年よりも前には「金球を竹串に貫通したもの」を使っていたとする記録が残っているが、実物は見当たらない。

京盲資料室には、「こはぜ算盤」も保存されている。これは、足袋《たび》のかかとの部分を留め合わせる小鉤《こはぜ》の形をした珠――「将棋のコマに似ている」とも形容できる――を用いた算盤である。その珠を、手前から向こうへ倒す、向こうから手前に倒すという処理によって、数を表す。普通の算盤だと、上から力を加えると多少とも珠が乱れる可能性があるが、この方式ならば、その問題はほとんど生じない。

現在は、合成樹脂製で、上部に一般の算盤の珠の形を施したタイプが広く用いられているが、これも「珠を倒す」という使い方である。「珠を倒す」という発想は「こはぜ算盤」を受け継いだものといえよう。

「こはぜ算盤」の考案者は、岸高丈夫《きしたかたけお》であった。したがって、「岸高式算盤」とも称される。岸高は、東京盲学校の教官として、一九一八（大正七）年からおよそ二年間、米英仏に留学、一九二五年から京都府立盲学校長となった。理科や数学に詳しく、多数の一般用・盲学校用教科書や教具（立体地図等）・器具（点字タイプライター等）を考案した。

「半珠」にせよ、「こはぜ」にせよ、通常の算盤をベースにしているからには、一般に行う縦書き筆算とは別種の計算であり、異なる学習形態とならざるを得ない。機能の違いがあるからだ。加えて、点字という文字の特性、点字器や点字タイプライターの性能も、縦書き筆算にはなじみにくい。明治から大正にかけ、その課題への挑戦が重ねられることとなった。

手算法

話を急ぎすぎたかもしれない。というのも、古河太四郎は、文字指導法の入口に、一切の道具を用いず指で描く「背書掌書之法」を設けたのと同じく、計算でも、全く道具の要らない、手指を折り曲げるだけで数字を表す方法を編み出していたからだ。

それを「手算法《しゅざんぽう》」と呼ぶ。『京都府盲唖院出品説明書』中、古河は算数教育の項のトップに「盲生手算法図」を示している。

盲生ニ算器ヲ用キス容易ニ加減乗除ヲナサシムル為メノ法ニテ　手指ノ屈伸手掌ノ俯仰及ヒ帯上帯下ノ位置等ニヨリ　各種ノ数ヲ標シ以テ算理ヲ解セシメ思考探究ノ力ヲ養成スルモノナリ

指の曲げ伸ばし・掌の向き・手の位置によって数を表し、加減乗除の計算をすることができるというわけだ。暗算を助ける手法だという。しかし、この説明は、それだけを読んだのではわかりにくい。図に添える解説文として書かれているからである。幼児が行う「指を折りながら数える」やり方に近いが、それとはかなり趣を異にする。

Ｂ５サイズの和紙二枚組による「手算法略図」と題する絵図もある。江戸時代から京都で活躍し、明治政府の御用書林にもなった村上勘兵衛による製本で、一八七八（明治一一）年

手指で数字を表す方法を示した「盲生手算法図」

に印刷されたものだ。黒で手指の輪郭と文字を、肌色で手指を、水色で着物の袖をと、三色に刷り分けてある。これは京都盲啞院の開業式に参集した人々に配られた。

一枚目は、右半分に、手の位置（体幹・腰に照らしての左右・高さ）がまとめてあり、左半分の一六区画に分けた表の中に、1~40までの指の形（一~十、十三、二十、二十一、三十、三十五、四十）が描かれている。10まではすべての数が示され、それより上、40までは、飛び飛びの例示である。二枚目は、三二区画に46~9900までの指使いが、これも例示の一覧となっている（二十一に代えて二十六を示した手算法図もある）。

その指使いを文字に置き換えると、次のようだ。1~9までは、左手が描かれ、腕は体側に沿って垂らしたままの設定である。1は、人差し指だけを曲げる。2は、人差し指・中指を曲げる。3は、人差し指・中指・薬指を曲げる。4は、親指以外を曲げる。5は、親指だけを曲げる。6は、親指・人差し指を曲げる。7は、親指・人差し指・中指を曲げる。8は、小指以外を曲げる。9は、すべての指を曲げる。6~9において、親指は人差し指などの下に隠れる。親指を5に見立てるのは算木や算盤に通じるが、五珠を越える四珠算盤のような対処が求められた。

10~19は、左手をへその左に置き、指定された指使いをする。へその左が十位と名付けられている。左手を十位に置き、親指と人差し指の先をつけて円の形を作ると十となる。十三は、十位で三と同じ指使いをする。二十位は胸の高さで、十位の真上、三十位はへその左の左、四十位は左の乳あたり、千位はへその右、二千位は千位の真上、など八つの位置が定められている（50は左手の甲を上にする。60〜90は本稿では略す。100以上は右手で表現する）。

こうした一連の方法によって1〜9999まで表現しうるが、0（ゼロ）はない。当時の文書によれば、これは唖生にも用いられた。京都府立聾学校資料室に保存される『手算法略図』と題する掛図でも、数字の表し方は同じである。

幼児が数を唱えるとき、親指から折り始めて一、二、三と進む。それとは異なる指使いを選んだ理由は何だろうか？　手の位置や複雑な指の動きは誰にでも習得できたかどうか。これと盲人用に工夫した算木や算盤を併用したかどうか、あるいはどう使い分けたかについても、研究課題というべきだろう。

また、現在の日本手話においては、これとは異なる手指の使い方で数を示す。それは相手に見せることを優先する必要があるからだろうか。古河が指を曲げたことをどう評すればいいか。当時の外国手話は数字をどう表したか。これらにはろう史・ろう教育の研究者と共同してアプローチする必要がある。

二〇一二（平成二四）年一〇月に発足した日本盲教育史研究会には、日本聾史研究会などのメンバーが加入し、近畿聾史研究グループなどの企画に筆者が招かれて京都盲唖院史を報告するなどの連携が生まれている。

さいころ算盤

古河太四郎が考案した盲生用の「さいころ算盤」は、「盲人用の算盤にして、立方さいころ三百個を容るる盤面ありて、さいころの三面に小鋲《しょうびょう》を附するもの百八十個又四面に鋲を附するもの二十個　珠算において尽す能《あた》はざるものは、此器《このうつわ》により別に布算法《ふさんぽう》を示し、簡易より繁雑に入　以て真理に通暁せしむるの便益を取るものなり」という。

「立方さいころ」は、一センチ角の木製である。格子状に仕切って、それを三〇〇個（縦に一五個、横に二〇個）はめ込むことのできる木箱（二一・五センチ×二八・五センチ）が用意されている。一つずつの格子の深さはさいころよりも二ミリほど浅く作られているから、はめ込んださいころをつまんで取り出せる仕様である。

「さいころの三面に小鋲を附する」とは、さいころの六つある面のうち、三つの面に小さな鋲を打つことによって、数字を表す仕組みである。他の三面は空白のままである。

『京都府盲啞院出品説明書』には、鋲の打ち方が図で示されている。それを言葉に置き換

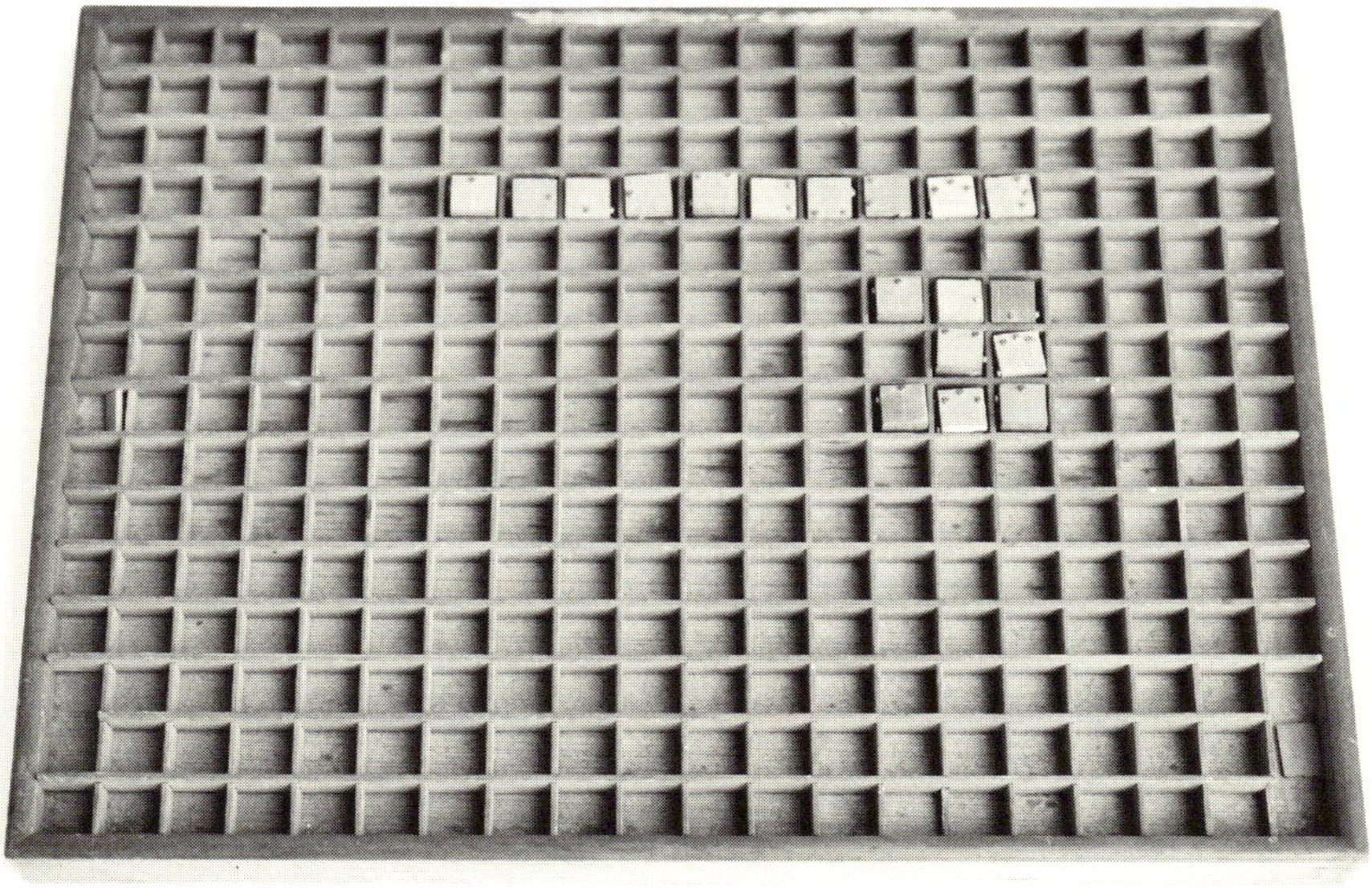

さいころ算盤。三つの面に打たれた鋲で数字を表す

えてみよう。
「三面に小鋲を附する」ときの鋲の打ち方は、三タイプある。一つ目は、さいころの真四角な面のある一つの辺に近い真ん中に一個打つ。二つ目は、同じく辺に沿って二個を打ち、三つ目は、同様に三個打つ（ただし、三個のうち真ん中の一個だけが辺に少し近い）。それぞれの面を指で触れれば、鋲の数を読み取ることができる。一つの面に四個以上を打つことはない。

　これを用いて計算を行うとき、「回転」という操作が利用される。

　一個だけ施されている鋲が、真四角の上辺（盤上の向こう側）に位置するように置くのを1とする。それを右に九〇度回転させて鋲一個が右辺に位置するように置くと2となる。次いで下辺に位置するように回転させると3、さらに左辺に位置させれば4を表すというわけだ。5～8には、二個の鋲が施されている面を同様に回転操作して表現する。9・10・カッコ・等号は、三個の鋲でまかなう。このようなさいころが、一八〇個、木箱に収められている。0を意味する鋲は見当たらない。

加減乗除の符号を示すのに用いられたのは、「四面に鋲を附した」さいころであった。四面のうち三面は上記と同じであるが、四面目に一本の線と一個の点が凸状に施されている（線のほうが辺に近い）。この四面目を加減乗除用に充てる。「四面に鋲を附するもの二十個」とあるのは、加減乗除を表すためのさいころが二〇個用意されたという意味である。これは、木箱内の仕切りにより、「三面に小鋲を附す」タイプとは分けて収められる。

触察に堪能な皆様には、すぐに「なるほど！」と得心していただけるのではなかろうか。この方式なら、「木箱」からさいころを取り出すには、数字用か、符号用かさえ間違えなければ、さいころを摘まみ上げる動作の折に、「どの数字か」「どの符号か」を一々選ぶ必要がない。

数字を表したいときは、数字用コーナーから指に触れたさいころを任意に取り上げれば、それが1から10までの数字として働いてくれる。つまり、「探す」「選ぶ」ロスを生まず、指の中でのちょっとした操作によって必要な数字をたちまち表現することができる。これが、この算盤の妙味である。符号についても、同じことが言える。

理屈としては四面タイプ一種で数字も符号も事足りるはずだが、三面タイプを作ったのは、製造の手間を省くためだったろうか。

さいころ算盤は、「珠算において尽す能はざる」学習のために作られた。「珠算ではできない」のは、縦書き筆算である。晴眼の子どもたちは、縦書き筆算を学び、必要に応じてそれを駆使する。しかし、盲人用算木や盲人用算盤ではそれはできない。基本的には点字も同様である。昭和期に、縦書き筆算に対応できるよう工夫した点字器も作られたが、それはここでは措く。使い勝手は良くなかったらしい。

さいころ算盤は、別名、「格子算盤」とも「籌算盤《ちゅうそろばん》」とも呼ばれた。0がないのは、初歩的な四則に限った使い方だったのではないか。

点による表現手法は、「古河が点字に関する知識を持っていた」と筆者が推測する根拠の一つでもある。

マルチン氏計算器

「さいころ算盤」とは別に、「マルチン氏計算器」(以下、マルチン式)とシールの貼られた一式がある。「さいころ」を用いること、格子状の木箱がセットになっている点では「さいころ算盤」と似ているが、はっきりと区別できる特徴を持つ。

マルチン式について、鈴木力二氏は『図説盲教育史事典』で、次のように説明している。

「東京盲唖学校では明治二十八年頃から使用したが、明治三十五、六年頃テーラーを使用するようになってから姿を消してしまった。滝録松に依頼して二十個作ったことは中村京太郎談」。

同書一四七ページには、「マルチン式計算盤」として、「さいころ」を入れた小箱などの写真も掲載されている。筑波校が所蔵していたもののようだ。形状は京都府立盲学校に保存されているものと変わらないように見える。

さて、その特色はというと、要するに、マルチン式は数字を「数符を略した点字」で表現するのだ。古河のやり方とは明確に異なっている。

0から9までを表す数字（点字）は、すべて1の点・2の点・4の点・5の点で表される。六点方式の点字の下二つ、すなわち3と6の点を切り取れば、残りの1・2・4・5の四つの点は正方形の中に納まる。それはさいころの一つの面の形と一致する。数符を略せば、さいころの真四角な面に点字の数字をすべて凸点として表すことができる。

さいころには六面しかないが、都合がよいことに点字では、5（ラ）を九〇度回転させれば9（オ）になり、同じ操作によって0（ロ）と4（ル）と6（エ）と8（リ）とが一つの面でまかなえる。六面あれば、一〇種の数字が充足される。

マルチン氏計算器。数字は数符を略した点字で表される

限られた面を、回転操作によっ

て効率的に活用する発想は、古河の「さいころ算盤」と似通い、縦書き筆算に対応できる機能も共通する。ただし、マルチン式は、その前提に点字が厳然と存在する。点字より先にマルチン式が考案されたとは考え難い。

フランス製の筆算盤というのがあって、国立特別支援教育総合研究所が二〇一〇（平成二二）年に出した研究成果報告書『視覚障害教育における算数指導の基本とポイント』の二一ページに紹介されている。マルチン式に似てはいるが、数符も用いられている点が異なる。

鈴木氏の記す「明治二十八年頃から」の根拠はつまびらかにされていない。日本の訓盲点字が生まれたのは一八九〇（明治二三）年だから、それより五年ほど経ってから使われたという話の順序は通っている。しかし、「マルチン」はおそらく人名であろう。とすれば、日本人ではあるまい。どこの、誰？

重要な文献を見逃している可能性がないとは言い切れないが、私自身は、次の史料に出会ったとき、「マルチン氏にたどり着いた！」という手ごたえを得た。

それは、一九〇〇年にパリで刊行された小冊子『*La Typographie Des Aveugles*（フランスの盲人用にふさわしい文字の研究書）』である。資料室で発見し、ページを追っていくうちにマルチンに関する説明を含むページを見出した。M. Martin の名前とともに「数符を略した凸点字の数字さいころ」の絵が示されているではないか。

この冊子には、一八九八（明治三一）年から一九〇四（同三七）年春まで京都市の助役であった大槻龍治（後の大阪電気軌道社長）から京都市立盲唖院長・鳥居嘉三郎に宛てて贈られたものとみられる書き込みがある。「マルチン式」の実物と本冊子との到来順は判然としないものの、マルチン氏の思い、大槻氏の着眼、鳥居院長の受容などに思いを馳せるには好適の宝物となっている。

なお、「マルチン」式と変わらないように見えるのに「ガラン式計算器」と書かれた貼り紙のある品が京盲資料室に現存する。「ガラン」が人名なのか、大きな寺院の建物という意味の「伽藍」と縁のある語なのか、いつごろ使用されたのか、長い間不明であった。京都盲唖院関係資料の重文指定に先立つ検討や事後の調査を通じて、この二つの関係が判明してきた。

要は、盲目のマルチン氏が発明した方法を、ガランというメーカーが製造販売していたのだ。現在、大阪府立大阪北視覚支援学校となっている旧大阪市立盲学校の資料室に「Garin」と刻印された金属製の「ガラン式」が保存されている。京都府立盲学校に現存する「マルチン式」は、金属ではなく、木で模造したもので「Garin」という文字は省かれている。

ちなみに、フランスでは、同じ発想で作られた盲児用の計算用具「Cubarithme」が今も市販されている（http://www.enfant-aveugle.com/spip.php?article265参照）。

テーラー式計算器

「任意につまみあげたさいころが指先での回転操作によって求める数字になる」。これが古河式とマルチン式の共通点で、さいころを探したり選んだりする負荷を少なくし、視覚障害者の指の触知力を巧みに活用する計算器である。わずか六面だが回転を利用して数字を表現する発想も優れていた。盤面を用意することで縦書き筆算も容易にした。

これを究極まで突き詰めたのがテーラー式計算器で、中途失明したイギリスの数学者ウィリアム・テーラー（一八四二－一九二二）が考案した。小西信八や石川倉次を「ブレール氏ノ方式」（後に日本では「点字」と呼ばれる）の研究に導いたアーミテージ『盲人の教育と職業』（*The Education and Employment of the Blind*, 筆者の所蔵する英語版は一八八六年第二版）にすでにテーラー式が載っている。『東京盲学校六十年史』には「明治三十七年九月から試用した」とある。しかし、点字器製造で有名な仲村謙次は「大正五年　テーラー式計算器製作発売」と『日本点字器事始　仲村謙次の証言』（毎日新聞社）の年表に記している。もしかすると、明治三七（一九〇四）年のは東京用の試作で、大正五（一九一六）年に広く市販するようになったのかもしれない。

それはともかく、これはさいころ状ではないのが特色だ。素材は金属だ。小さな角柱がベースで、測ってみると四ミリ×四ミリ×二〇ミリで、面としては四ミリ四方の正方形が二つ、四ミリ×二〇ミリの長方形が四つあることになる。後者は凹凸のない平らな状態のままであり、前者は両端の正方形に数字などのための凸が施されている。

一方の端のある一辺に幅一ミリの凸線が形成されている。反対の端には、やはりある一辺に沿って二つの突起が並んでいる。言い換えれば、両端に一本の凸線を描いた面（A）と二つの凸点を描いた面（B）を持つ角柱である。このたった二つの面を用いて0～9の数字だけでな

テーラー式計算器。金属の角柱の回転角度によって数字から加減乗除などまで表せる

く加減乗除などまで表現する。

さいころは六つの面を備えている。しかし、こちらはわずか二つの面しかない。古河式やマルチン式のように「九〇度回転」で使えば片方の端で四つずつ、計八種の数字しか表せない。この問題を解決するためにテーラーが編み出したのは「四五度回転」であった。それならば、合計一六個の数字や符号を表現できる。では、四角柱をあいまいさを排して確実に四五度ずつ回転させるにはどうすればよいか。どんな盤面を作ればそれが可能になるか。テーラーの真骨頂はそこにあった。

結論として、彼は盤面に四角形（■）とそれが四五度回転した四角形（◆）を重ね合わせた形の穴をうがつことにした。つまり、八方に光が伸びる星の図様（✸）の穴。それを縦横に数十行ずつ規則的にうがつことにより、横書きにも縦書きにも対応する。

説明の便宜上、1は後回しにして、2から説明する。正方形のAを左辺に縦の凸線がくるように置き、これを2とする。正方形の中心を支点に四五度右回転したものを3、さらに四五度右回転し正方形の上辺に横の凸線がきた状態を4、さらに四五度右回転して5、さらに四五度右回転し正方形の右辺に縦の凸線がきた状態を6、さらに四五度右回転して7、さらに四五度右回転し正方形の下辺に横の凸線がきた状態を8、さらに四五度右回転して1とする。9からは、Bを用いて同様のやり方で0、加・減・乗・除、カッコ、等号、9に振りあてる。

鈴木力二氏はテーラーの「数学記号の完成」を「一九〇七年」（明治四〇年）としている。a・b・c・ルート・大カッコなどまで表現できるよう両端の形状を増やしたようだ。

実際に使ってみると、京都府立盲学校が所蔵するテーラー式は、角柱の抜き差しがかなりやっかいであった。四五度ずつ角度を調整しての角柱の挿入は、星形の穴とうまくフィットせず、動作がひっかかりやすい。かといって、星形を大きくしすぎると、きちっとした角度に固定できまい。東京盲学校でも「教官が生徒の答を見るのに困難なこと、計算の経路がわからないなどであまり使用されなかった」と鈴木氏は記している。

日本では時代の推移の中で消えていったテーラー式だが、日本点字委員会会長を務めた阿佐博氏は「徳島盲学校で初等部の三年生から算術の計算や応用問題の式をすべてテーラーを用いてやっていました。今でもとても便利な教具だと思っています。五目並べにも応用して楽しめました。なぜ使われなくなったのか不思議に思っています」と語っていた。左近允孝之進や点字新聞『あけぼの』の研究で知られる古賀副武《そえむ》氏も生徒時代に使い方を教えてくれた先生があり、「因数分解までできた」と記憶している。

この項の内容は消えた教材への挽歌さながらだが、盲目の学者がその指先にこめた情熱を永く伝えたい。実は、アメリカでは今もプラスチック製のテーラー式計算器が市販されている。わが国でもむしろテーラー式を再評価し、現代に活かす研究を提唱すべきではと振り返っている。

4 世界に触れる——地理

立体地球儀

ここからは社会科関係の教具を紹介したい。以下、本項の記述に際して、研究雑誌『地理』（二〇一一年二月号、古今書院）に掲載された論文「京都盲唖院における地理教育と地図」を参考にしている。執筆者の松尾達也氏は京都府立盲学校の元教頭であり、同資料室ボランティアグループの代表者である。

京都盲唖院開学当初の地理の科目は、「盲唖教授課業表」（教育課程表、一八七八―八二年）に、京町名・府県名、管内地理、日本地誌略一・二・三、万国地誌略、地図、地球儀、内国里程、外国里程および、京町名等暗射（輪郭だけの地図を用いた暗記）とある。

ここでも、「通常学校に準ずる教育」が意図された。教授用には、墨字本の『日本地誌略一～三』（師範学校編輯、文部省刊行、一八七六年）等を用い、身近な地域から日本全土、さらに世界へと理解を広げていくことを目指した。他にも当時の参考書が保存されているが、残念ながら、私立金沢盲唖院を一八八〇（明治一三）年に創立したろう者・松村精一郎が翻訳したミッチェル著『万国地誌階梯』が用いられた形跡は確認できない。

立体地球儀（レリーフ地球儀）。地軸が大きく傾いている

古河の著した『盲唖教授参考書』（一八八二年）には「地球儀及針跡等ヲ以テ海陸ノ区別及万国地形及地理ノ大概ヲ了得セシム」と明記されている。その実物と思われる、地形を凸形で表した地球儀が一台残っている。古河による『著書草稿』（一八八〇年）に、その使用法が記されている。

「凸形地球儀ハ中段ニ在ル所ノ羅針盤ニ指頭ヲ與へ〔略〕」「コノ羅針盤ハ盲人ノ為メニ設ケルモノニシテ周囲ニ一ノ欠所〔欠落〕アリ其欠所ニ指頭ヲ与へ若シ針尖ノ触感ヲ得サレハ則チ北ニ非ス其欠所北ニ向ヘハ必針尖ノ触感ヲ覚ユルナリ」と。

地球儀の球体と下の台の間〔中段〕に、盲人が指先で触るための羅針盤があって、その羅針盤に施された「欠所」によって北かどうかが判断できるというような意味合いだろうか。しかし、実際の使われ方にはよく分からない点がある。まず、「羅針盤」にあたる物が欠損している。また、地軸の傾きが通常の地球儀よりも大きいのだが、そうデザインした理由も判然としない。

松尾氏による計測と観察では「球の直径20㎝、円周63㎝、総高61㎝、三脚で支えられ木の台座にしつらえられている。日本列島をはじめ大陸の形等は極めて正確に、さらに大山脈が凸状につくられている」。

京都盲啞院文書には「地球ノ台面中部以上ノ旋転〔回転〕ヲ自由ニ製シタレハ指頭ニ針尖ノ触感ヲ覚ユルマテ之ヲ旋転シテ以テ方向ヲ定メ　次ニ地球周輪ノ活鐶ヲ輪転シテ緯度ヲ計

リ　地球回転及凹凸ニヨリ海陸ノ区別　六大洲ノ位置及洲国名ノ概略ヲ記得セシムルモノナリ」という説明も見受けられるが、「針尖」がどの部分を指すのか不明であり、この地球儀のおおまかな凹凸で六大州の位置は理解できるとしても、各国の位置まで触知できるかには疑問もある。松尾氏は「この記述が現存する凸形地球儀を指しているのかは解し難い」と慎重な判断をしている。

もう一つ、別の意味で興味深い情報がある。一八七九（明治一二）年一一月一一日付の京都師範学校から京都府盲唖院への書簡に「本校ヨリ凸起山脈地球儀製造之タメ見本トシテ本校所有地球儀勧業課へ貸シ渡シ候処該品ハ御校へ相廻リ居ル様夙ニ承リ候自然右之様ニ有之テ今般本校転移之際ニ付一応御返却被下度此段及御照会候也」とあるのだ。つまり、盲唖院は師範学校と連絡をとり、見本のために地球儀を借りるなどして、教材・教具の開発に努めていたわけだ。盲唖院は、借りた地球儀を返却したのだろうか？

凸形京町図

資料室の見学者からの讃辞が集中する一つに木製の「凸形京町図」（京都市街之図）がある。一八七九（明治一二）年製の、京都盲啞院を代表する至宝である。

縦一三二センチ、横九四センチで、厚さは二センチ余。縦約三三センチ×横約九四センチの板四枚を頑丈に裏打ちしてつなぎあわせ、一枚板のようにしつらえてある。その表面に京都の市街地が彫られ、条里制の大通りなどが凸線で表されている。

『盲啞教授参考書』に、「盲生ニハ木刻凸形京都市街図ニヨリ先町名ノ順序ヲ暗誦セシメ以テ街衢ノ屈曲衝突等ヲ示シテ迂回遠近ノコトヲ知ラシメ道路ノ広狭ニヨリテ車馬除避ノ心得ヲ示シ川河橋梁ニ拠リ便路ヲ知ラシメ併セテ官舎及学校ノ位置ヲ示シ〔略〕」とあって、通学の便や安全を学ぶために使われたと分かる。描かれているのは、三条通を境に、北の上京と南の下京だ。当時、北区とか左京区とかは存在せず、上京・下京以外は「郡部」に属した。

要所に、大・中・小、幾種類かの鋲（凸状のマーク）が施されている。最も大きい鋲は御所で、その次は二条城を示している。二条城には京都府庁として機能した時期があった。この二つは別格だ。そして、それより小さい、径一～一・二センチの凸は寺院などであり、知恩院、泉涌寺、東寺、佛光寺、東・西本願寺、相国寺、閑院宮などが刻まれている。北野天満宮、八坂神社などの神社は五ミリ四方の凸符が選ばれている。

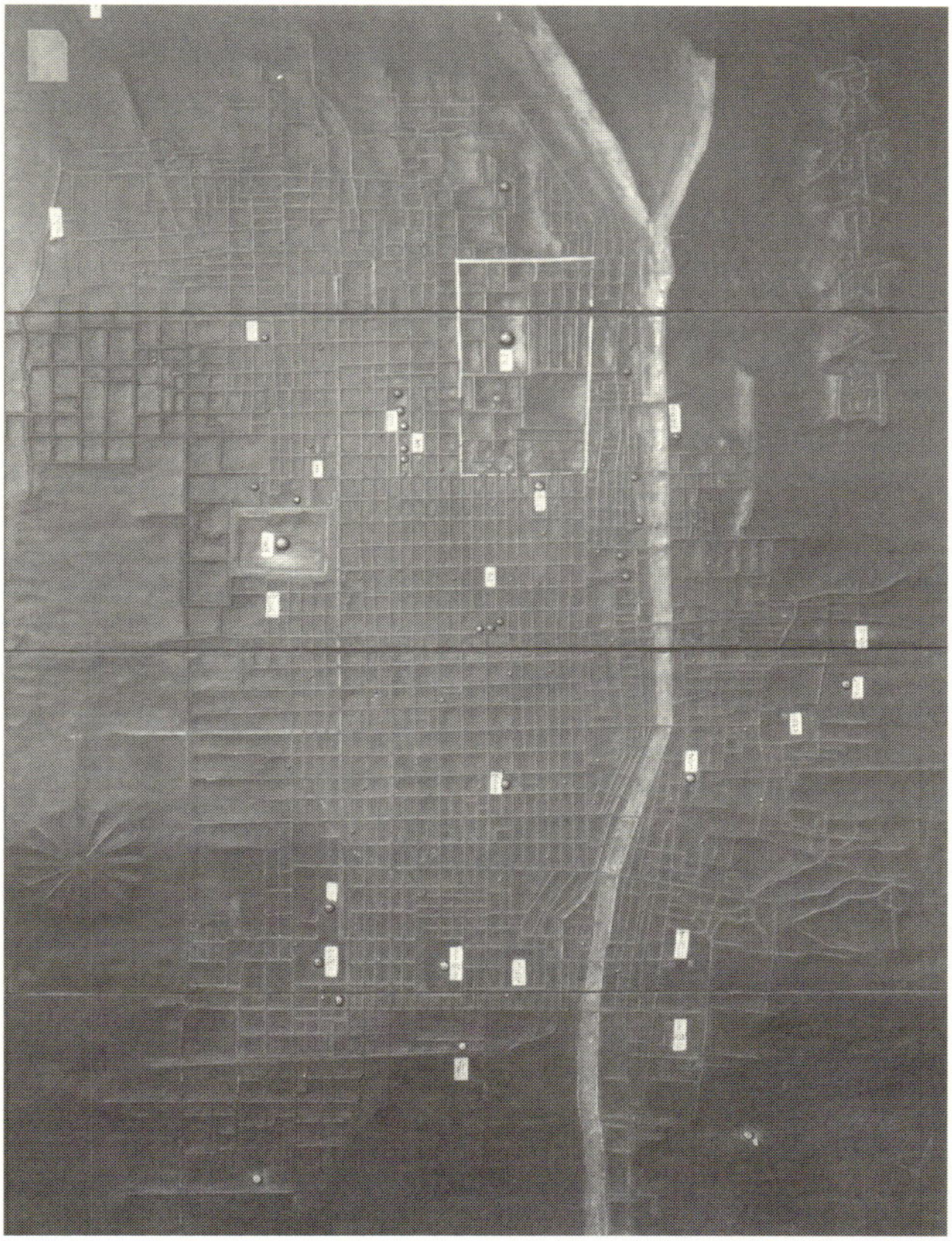

凸形京町図（京都市街之図）。凸線と鋲で通りと主要な施設が表されている

径七ミリほどの丸い凸は官公庁や学校。府庁、郵便局、電信局、裁判所、療病院、監獄、そして女学校、画学校、舎密局《せいみきょく》、府庁前の盲唖院等が示されている。まさしく近代京都の新しい景観に位置を占める盲唖院だったのだ。京都ステンション（駅）、神戸へ向かう線路も描かれている。滋賀方面への東向きはまだ開通していない。三条通の郵便局は、地図上と同じ場所に、煉瓦《れんが》造りの近代建築として現存する。

径三ミリくらいの凸符も六〇個余り付されている。明治初期の地図史料と照合したところ、それは当時の番組小学校（明治二年、京の町衆が全国の先陣を切って、今日の学区に当たる「番組」を単位に六四校を創設した）の所在地を示したものと判明した。そのうちの一つは待賢小学校の所在地を示している。番組小学校はしばしば再編が行われたため、凸形京町図と明治二年の小学校地図とには一致しない部分もある。

つまり、この地図には、盲唖院の生徒たちが、自分はどの学区に住んでいるか、自宅から盲唖院への通学路はどのようであるか、京都の都市部にはどんな歴史的建造物や近代的な建造物があるかを、過去と現在におよんで、実用的・多角的に学ぶことができる機能が与えられていた。時間と空間を一体化したツールとも言えよう。

発注関係の書類や「学事年報」から、木刻凹凸文字の制作者でもある彫刻家・柘植利安の手になった逸品と分かる。彼はこの地図で、印判や江戸期の版木とは異なる近代彫刻の技法を用いている。名工というべきだろう。製作費は一三円五〇銭であった。朝日新聞社発行の

『値段の（明治、大正、昭和）風俗史』によると、その頃の家賃が「八銭」だから、この教具に費やした金額には驚きさえ感じる。盲唖院は生徒のためとなれば、出し惜しみをしなかったのだ。

全体が黒光りし、触感は滑らかだ。これを繰り返し、なでて、なでて、存分に京を学んだ指のいきいきとした動きや喜びの表情が目に浮かぶ。

この触地図は、市街地の「距離」を知る上での補助となる教材でもあった。一八八〇（明治一三）年の文書には「六角東洞院西入丁新町ノ出水ヨリ西洞院ノ出水迄ハ凡何町ナルヤ」と生徒に尋ねたと記されている。

唖生にもこの地図を用い、「管内地理　京都府所管　山城丹後二国　丹波五郡」「勧業場療病院　本願寺　養蚕場《よさんば》　停車場　女学校」の場所を教えたとする記述も京都盲唖院文書中にある。唖生への地図指導にも使われた。障害の違い、あるいは有無を超えて共用できるという意味で、「ユニバーサルデザインの地図！」と評価してくださった研究者・西脇智子さんの洞察力に裏打ちされた言葉が耳に残っている。

ちなみに、現在、この凸形京町図のレプリカおよび同じ範囲の京都市内を銅板凸線でかたどった現在の地図を寄付していただき、小学部校地に置いてある。

針跡地図ほか

京都盲唖院文書に含まれる、『文部卿巡視一件』は、現在の文部科学大臣に相当する河野《こうの》敏鎌《とがま》文部卿（一八四四―一八九五）が、一八八〇（明治一三）年七月一二日に京都府盲唖院に来校したときの概要をまとめた記録であるが、その中から、その日公開した地理に関する授業における指導事項を抜き出してみよう。

当時の盲唖院では、一般の「下等小学」の四年分を五年間で学んだ。教育課程は五級から始まり、順に一級へと上がっていく。

盲五級：東西南北上下左右　山谷峰坂峠　里町間
盲四級：京町名（前項で紹介した二点間の距離を問う発問はこの級で扱われた）
盲三級：問答書取　管内地理　伏見　宮津　日本地図各一葉ツ、国図ヲ与へ国界県山川各所物産ヲ摘問　伊賀　伊勢　遠見（遠江）　相模　三河　武蔵　志摩　安房　伊

豆　甲斐

盲二級：(記載なし)

盲一級：地図　信州　丹後　内外国里程　京都ヨリ東京迄　東京ヨリ巴黎《パリ》マテ

低学年の五級で、東西南北や地形、距離の初歩を教え、学年が上がるにつれて扱う地域が次第に広がり、外国も含めてピンポイントに関する立ち入った知識が求められる。小学二年生にあたる四級で、北と南の関係にある出水通と六角通、東と西の関係にある東洞院通と西洞院通、二つの要素を含む二点間の距離を問うというのは、かなり難度が高い。

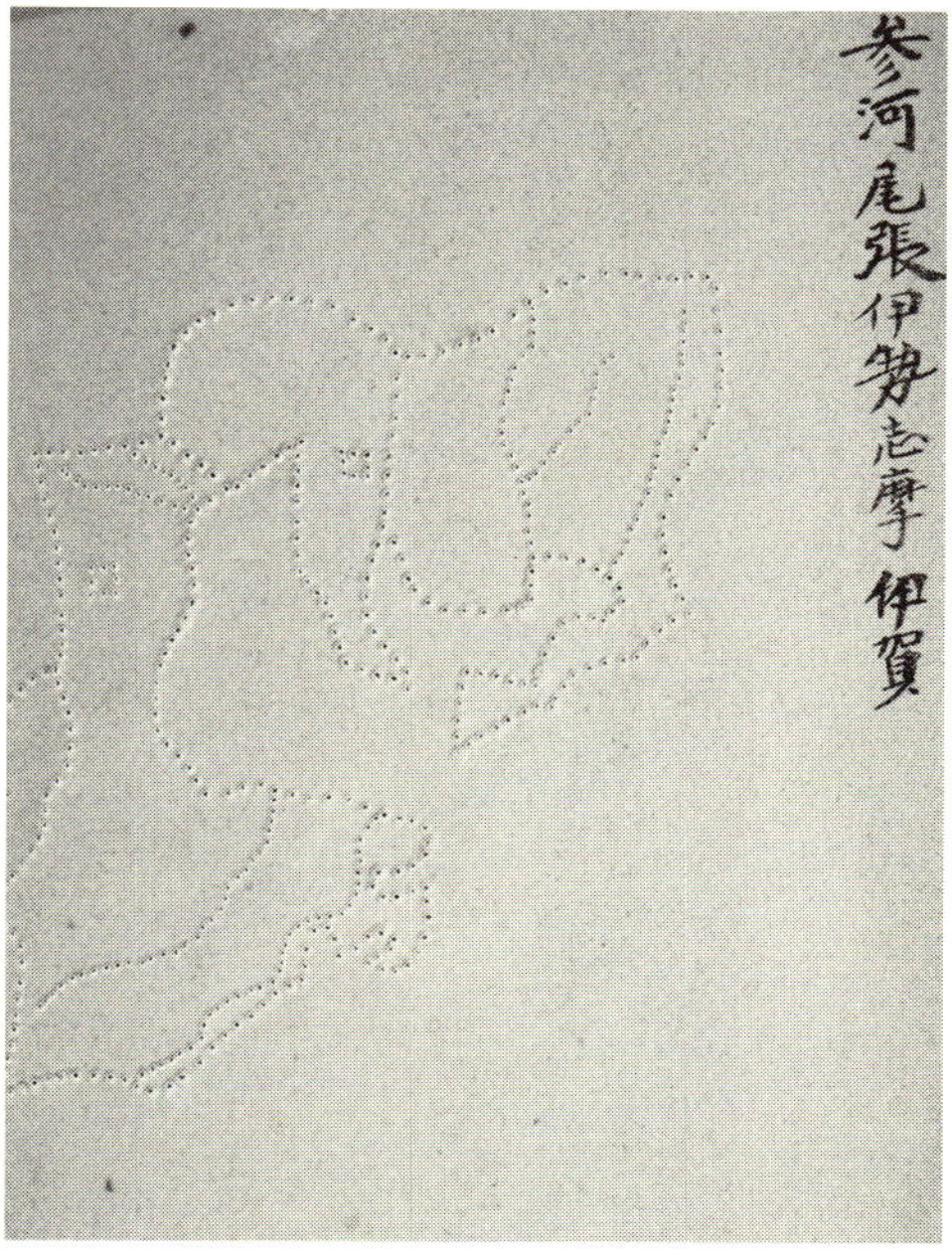

参河（三河）・尾張・伊勢・伊賀地方を表す針跡地図

それはさておき、『文部卿巡視一件』に綴じ込まれている点線地図が興味深い。四枚ある。うちの一枚、「参河《みかわ》　尾張　伊勢　志摩　伊賀」は次のようである。

現在の点字用紙に近い厚さの紙（縦二〇センチ×横一六・五センチ）

に、裏から針で突き出した凸が並んでおり、線として触察できる。中央に三河湾があり、右に三河・尾張が、左に伊勢・志摩・伊賀の国々が配置されている。針の跡は、一〜三ミリの不ぞろいな間隔で、ミシン目のような等しさはない。指に持った針で一つひとつ突いたとも思われる。およそ四五〇個の点で成り立っている。

古河太四郎院長が一八七八（明治一一）年一二月一一日に京都府へ宛てて提出した伺い文書には、「盲唖針跡用洋紙百枚別紙の通り金一円六十八銭也」と記されている。

東京の『雑司ヶ谷分校記録』には「最初古河に……針先で図を穿ち云々」とあると、鈴木力二氏も書き残している。これから考えると、上記『一件』に綴じられている点線地図は、〈古河太四郎手作りの、現存する実物としては、日本最古（最初）の針跡地図〉である可能性が高い。

廃藩置県（一八七一年）から数年経っているとはいえ、併合分離問題が尾を引き、県の編成は流動のさなかであった。旧国名を用いた方が分かりやすいという判断だったのではあるまいか。

二一世紀の素材や技法と比べれば稚拙な点図だ。陸と海とを識別する手がかりは乏しい。いや、全くないに等しい。古河はどのようにしてこれを発想したのであろうか。西欧の立体地図に関する情報もなかっただろうことも考えると、彼の発想力や独創性には驚かされる。その後、サイズの異なるポンチなどで境界線や符号を一点一点突き出す時代から、ミシンによる点線図を経て、触地図の自動作成システムやエーデルなどにまで発展してきた「盲人用地図」の原点を見る思いだ。

他にも多種多様な盲人用触地図が保存されている。二つだけ挙げると、石盤地図は、使い古した石盤に四国や台湾の地形・山脈がレリーフのように造形されており、主な都市の位置を示す丸い符号がある。

世界凸地図は、厚紙に墨字印刷をした上で、エンボス加工によって平らな海と盛り上がった陸地、陥没した湖などが表されている。ロンドンで作られたものである。国境を示す線の他に、国名や都市名もアルファベットで記されている。イングランド、パレスチナ、アメリカ合衆国など、七枚が現存するが点字表示はない。

なお、これらとは別に真っ黒い地球儀が存在する。黒以外には全く彩色されていないし、凹凸も施されていない。その名称や使用法が不明であったが、重文指定のための調査の過程で文化庁のベテランスタッフが徹底的に調べてくださった結果、「Chalk Board Globe」(白墨地球儀)だと判明した(口絵v頁参照)。球形の黒板にチョーク(白墨)で線を描いて大陸と海、各国の位置関係、偏西風の通路などを勉強することができたという。ヨーロッパなどでは、現在でも類似の品が教具や遊具として販売されている。

5 力と技を身につける——体育・音楽・職業訓練

盲生遊戯図・体操図

古河太四郎が待賢校で盲・唖の生徒の教育を始めたころ、最初の盲生・半井緑に対して行った指導の実際はよく分かっていない。文字の読み書き学習のための木刻文字などは開発されていたが、体育や遊戯の内容はつまびらかでない。しかし、古河は、盲唖院の開校直後に遊具をあつらえ、二年目には体操の時間を定め、早くから盲児の体づくりや歩行訓練に着目していた。

『盲唖遊戯物製造伺』（一八七八年）には、盲生・唖生のそれぞれが満足できる遊具を備えなければ不満が起こり、ケンカの種ともなるという認識を示している。運動不足になりがちな盲生の遊具等には「見えないこと」への配慮を凝らした。それを描いた掛図に書かれている説明をそのまま写す。読み解いてイメージしてみよう（口絵vi頁も参照）。

「盲生遊戯図」より「直行練習場」

〈盲生直行練習場〉盲人ノ杖ニ倚《ヨ》ラス《(ズ)》シテ歩行スルトキハ動《ヤヤ》モスレハ《(バ)》其《ソノ》方向ヲ偏《ヘン》シ為《タ》メニ物ニ衝突スル等ノ危険アリ　蓋《ケダ》シ盲人ノ習慣タル将《マサ》ニ歩行セントスルトキ其方向ヲ感覚的中センカ《(ガ)》為メ首ヲ傾クルカ《(ガ)》故ニ却テ方向ヲ偏スルノ媒《ナカダチ》トナルニヨルナリ　是《コ》レ本院ノ此《コノ》場ヲ設クル所以ニテ凡《オヨ》ソ両臂《ヒジ》ヲ脇下《ワキシタ》ニ附シ首ヲ傾ケス《(ズ)》手ヲ前ニ組ミ帯ニ按《アン》シ《(ジ)》テ其位置ヲ変セサ《(ザ)》ルトキハ自《オノズ》カラ直行ヲ誤ラサ《(ザ)》ルモノナレハ《(バ)》則チ此《コノ》法ニヨリ其直行ヲ練習セシム　而《シコウ》シテ場中《ジョウチュウ》ニハ直行線ヲ区画シタル欄ヲ設ケ欄ノ各処《カクショ》ニ竹竿ヲ立テ其梢頭《ショウトウ》〔先〕ニ小鈴《ショウレイ》〔小さな鈴〕ヲ附セリ　是ヲ以《モッ》テ方向ヲ誤リ偏倚《ヘンイ》スル〔片寄る〕トキハ之レニ触レ忽《タチマ》チ鈴声《レイセイ》〔鈴の音〕ヲ発スルニ至ル　因《ヨッ》テ其鈴声ヲ発セシメス《(ズ)》能《ヨ》ク直行シ去ルヲ優等トス

——直線距離と直角の方向転換を遊びによって訓練した。

〈盲生方向感覚渦線場《ウズセンバ》〉盲生ヲシテ此場ノ渦線ヲ歩行セシメ方位ヲ感覚セシムルモノナリ　即チ初メ盲生数人ヲシテ場中《ジョウチュウ》ニ入ラシムルトキ空気ノ運動及《オヨ》ヒ《(ビ)》太陽ノ温熱ニ触ル、感覚ニ就キ其方位ヲ知覚セシメ置キ渦内ニ入リ漸《ヨウヤ》ク歩行スレハ《(バ)》従テ其方《ホウ》ニ及フ《(ブ)》頃看護人場外ヨリ声ヲ発シテ「方《ホウ》」ト呼ヒ《(ビ)》線内ノ各生《カクセイ》ヲシテ各自ニ今占考《センコウ》スル所ノ方向ヲ一時《イットキ》ニ答ヘシメ看護人一々其当否ヲ報シ《(ジ)》以《モッ》テ優劣ヲ競ハシム

——曲線移動であり、東西南北まで意識させたわけで、かなり高度である。

〈盲生打毬聴音場《ダキュウチョウオンバ》〉盲生ノ遊戯ニ供スルモノニテ場ニハ各種（土《ツチ》革《カワ》木《キ》金石《キンセキ》糸竹《イトタケ》等）ノ鳴器《メイキ》〔音の鳴る物〕ヲ備ヘコレニ向テ毬《タマ》ヲ投《トウ》セ《(ゼ)》シム　而《シコウ》シテ其発声ニヨリ或《アルイ》ハ是レ鼓《ツヅミ》タリ或ハ是レ鐘《カネ》タリ或ハ何タリ等一々其音ヲ聴キ其物ヲ弁識《ベンシキ》セシム其能《ヨ》ク熟セルモノニ至《イタリ》テハ此音ハ円形体ノ音ナリ彼ノ音ハ方形体ノ音又何ト何ノ衝突セシ音ナリ等ノ事ヲモ容易ニ聴覚弁別シ得ルナリ

——音の要素を加えることで楽しみながら「投げ方」と「音の聞き分け」の練習。

以下は、遊戯法についての解説である。

〈鬼の遊ひ《(び)》〉遊戯場の中央ニ一人の盲生を置き之を鬼とし周囲ニ盲生の戯伴《ぎはん》〔遊びの

お供十余人を環列《かんれつ》し〔円形に並び〕交互ニ鬼ニ対して背立するものと対立するものと在《あ》らしめ相互ニ我《わが》右手を右隣の右手に我左手を左隣の左手に繋ぎ鎖連《されん》して〔鎖のようにつないで〕立《たた》しむ　而《しこう》して環列せる戯伴一斉に鬼に向ひ（前か後か）と高声ニ問ふ　此時鬼ハ戯伴中の一人誰とても彼れ我に面するか或ハ背けるか其の声の耳朶《じだ》に触る、の模様より暗識《あんしき》〔推理〕し面せりと信す《(ず)》る時ハ（前なり）と対《こた》へ直ちに立《たち》て其一人の方に向ひ行き之を捉ふ果たして我信し《(じ)》たる如く彼れ我に面すれハ《(ば)》勝《かち》なり　我に代《かわり》て之を鬼とならしむ然《しか》れと《(ど)》も暗射齟齬《あんしゃそご》する時ハ我復ヒ《われふたた(び)》鬼となるなり　其戯《たわむれ》ハ盲生ニ声の来る方向を感識せしむるに最も利益在るものとす

――声を利用した、むやみに走り回らない鬼ごっこ。

〈盲生体操法〉盲生に体操をなさしむるの仕事は実に至難の業なり。〔中略〕本院ハ一種の体操法を工夫し十分ニ身長の相斉《ひと》しきもの各五人をもつて一組とし之《これ》ニ一双の長棹《ながさお》を与へ図ノ如く各生をして之を左右ニ把持せしめ一連とし前後の二生に特ニ此技ニ熟せしものを選《え》らひ《(び)》他生《たせい》を導き熟さしむるの便を与へり

――前後の二人の生徒にはさまれた三人にとっては一種の他動的リハビリとなる。関節の可動域を広げるなどの効果がねらわれた。数年前、運動会の種目にこれを取り入れた学年があった。

オルガン

「48㎡の宝箱」には〝日本最古のオルガン〟が鎮座し、ひときわ輝きを放っている。では、これがここに来た経緯はと尋ねると、ことはそう簡単でない。

京都府立盲学校内での言い伝えでは、これは、伊沢修二がアメリカから持ち帰った三台のうちの一台で、他の二台は、宮内省と東京音楽学校（現・東京藝術大学）に寄贈された。『京都府盲聾教育百年史』にも、「伊沢修二が米国から持帰り文部省から下付されたオルガン」と解説されている。

伊沢は、明治初頭の文部官僚として我が国の音楽教育の近代化をリードした。留学先の米国でメルヴィル・ベル（電話を発明したグラハム・ベルの父）から学んだことを参考にして、聾唖者の発声・発音を指導・改善しようとする「視話法」を日本の聾唖者の発音教育に応用し、そこから盲唖院との縁が生まれた。後の島根県立盲学校を創立した福田与志《よし》は、京都市立時代の盲唖院で聾唖教育を実践的に修業したが、伊沢から直々に「視話法」を教わる志を抱いて東京へ赴いた。伊沢が京都に来院したこともあり、「宝箱」の中には彼の名刺もある。伊沢と盲唖院のつながりの密接さは明らかだ。しかし、つまびらかとは言えないことがらが少なくない。

①現在の宮内庁と東京藝大に、そのようなオルガンは現存するのか。そもそもこの二ヵ所

「日本最古の」と伝えられるオルガン

にも寄贈されたのかどうか。

②伊沢が入手したオルガンは全部で何台だったのか。一〇台とする文献もある。

③伊沢は、どの時点でどのようにしてそのオルガンを入手したのか。帰国後の「明治一六年に取り寄せた」旨の記録もある。だとすれば「持ち帰った」が怪しくなる。

④このオルガンのメーカーはどこか。現状では、外装にメーカー名やロゴが見当たらない。解体して内部を直した経過はあるのだが、そのときに手がかりが見つかったという史料もない。ただし、リードは米国マサチューセッツ州のマンロー社のものだ。

⑤邦楽教授を行った京都盲唖院において、このオルガンはどう使われたのか。洋楽の本格的な導入以前にも、唱歌の時間に活用された。このオルガンが届いた翌春の「学事年報」に「弦歌ノ改良ニ注意」という文言があることから、邦楽教授にも副次的に用いられたかと推測されるが、つまびらかではない。一八八六（明治一九）年に京都市内の唱歌講習会に伴奏用として貸し出したとの記録がある。

⑥このオルガンは、ほんとうに「日本最古」と言えるのか。「日本最古」と形容されるオルガンが各所に存在するらしい事情を念頭に置いた吟味が必要だろう。インターネットで探すだけでも、「実働する日本最古のパイプオルガン」「日本最古のオルガン」「演奏できるリードオルガンとしては国内では最大で最古のオルガン」「日本最古のリードオルガン」などのさまざまな情報がある。

オルガンの種類を勘案し、なんらかの条件を加えると、「最古」は複数ありうる。京都府立盲学校に現存するものを何の条件もつけずに「日本最古」と断定していいかどうか。

⑦このオルガンの贈り主はほんとうに伊沢か。別の名前も取りざたされている。それは近代日本音楽に進路を与えた米国人L・W・メーソンである。メーソン由来ではないかと推定したのは、『オルガンの文化史』（青弓社、一九九五年）の著者・赤井励《れい》氏だ。氏は「メーソンは明治一五年七月に日本を離れる際、五台のオルガンを日本側に寄贈していた」と記す。その一台が京都盲唖院に回ってきたのかどうかは、あくまで推測に留められているのだが。

ところで、問題のオルガンが京都盲唖院に「文部省から与えられた」ことに関しては裏付け文書がある。一八八三（明治一六）年に盲唖院と京都府学務課が交わした往復文書がそれである。「文部省ヨリ下付風琴外奨励品引渡ニ付照会ノ事」に始まり、その受領に至る一連の文書から、それは明治一六年一月に盲唖院に到来したと言い切れる。「文部省」の線では、伊沢もメーソンも、このオルガンに関与していて不思議ではない。あるいは、二人の協議があっての贈与だったか。想像は膨らむ。

上の③で、伊沢が「明治一六年に取り寄せた」記録があると述べたが、その落手は七月六日以降だから、その品を一月の時点で京都に送ることは不可能であった。

職業教育

古河太四郎は、ろう者の職業を資本主義のもとで賃労働に移行しつつあった手工業に求める一方、盲人には伝統的な鍼按などが適すると考えた。しかし、彼は盲人の新職業の開拓にも驚くべき発想を持っていた。

盲唖院での職業教育は、江戸時代のような「手に職をつけるだけ」の徒弟教育ではなく、普通教育を土台に展開された。ここでは、初期盲唖院の職業教育構想を概覧しておきたい。

『徹心録《てっしんろく》』――これは明治維新の頃の古河による手記とみられる。そこに、職業の意義が述べられている。「仮令《タトエ》、不具ナリト雖《イエド》モ、天、人トシテ性命ヲ与フル限リハ、必《カナラズ》人ノ行ヒナクンバアラズ。行ヒ均《ヒト》シク、業《ギョウ》高ケレバ、人ニ軽蔑且凌辱セラル、ノ理《リ》ナシ」と。

『盲唖授職之儀伺』『盲人職工生名簿』などの文書――前者は一八七八（明治一一）年、後者は一八八〇（同一三）年にまとめられたもので、当時の京都における盲人・ろう者が従事している職業、職種や年齢別の平均所得などが記録されている。その中から教えを授ける職種の候補として、盲人には金網織、籐《とう》細工、蠟燭を抽出し、ろう者には製墨、銅版、蒔絵、指物、織物などを挙げている。古河は、自分の頭の中だけであれこれをひねり出したのではなく、事実を丹念に調べた上で、視覚障害者にとっての伝統的な職、新しい可能性の感じられる職を見出していったのである。具体的には、記憶力を活用することによって法律家になれるのではないかと例示している。盲人弁護士の実現にはそれから一世紀ほどを要すること

右が「都富士号」と命名された琵琶

となったが、古河に先見性があったと言えよう。

『工学場規則』（一八八〇年）――この文書では、前述の理念と認識をベースに実際の職業科が具体化されている。工学場は、当初普通学科に在籍する一三歳以上（貧困な家庭の子の場合は一〇歳以上）を対象とし、同年のうちには公募によって三〇歳以下の盲・ろう者をも受け入れた。盲生には、まず紙撚《こより》細工が導入され、翌一八八一（明治一四）年から按摩、琴・三絃・胡弓《こきゅう》・琵琶、籐細工・織物・紙製織物も加えられた。なお、一八八〇年に設けられた専門予科では法学の教授も試みられている。鍼術については一八八四年の学則で明記され始める。ちなみに、唖生には、銅器に美術的な模様を彫り刻む彫鐫《ちょうせん》、和木指物《わきさしもの》、刺繡、裁縫、唐木《からき》指物などが指導された。

初期の教授陣としては、盲生の箏や三味線の指導者に松阪検校や古川龍斎《ろうさい》、幾山栄福《いくやまえいふく》といった錚々たる音曲家が招かれた。御薗《みその》流（鍼を小づちで打つ打鍼法）の講師の鍼実技は痛かったため生徒が閉口したと第一期生の谷口富次郎が伝えている。

琵琶・月琴・琴――江戸時代から伝承されたと思われる楽器である。琵琶のうち一点は嘉永四（一八五一）年に製造され「都富士号《みやこふじごう》」と命名された逸品である。明治二〇（一八八七）年、昭和五一（一九七六）年に修理した旨の書き物も添えられている。そのほか、胡弓や、松阪検校由来の箏や杖もある。さらに、京都盲唖院第一期生の山口菊次郎（巌）が考案した、箏のための蕗柱《ふじ》や山口校閲の箏曲本も保存されている。

人体模型――東京盲唖学校の史料には金属製の経絡人形が存在するようだが、京都に残っているのは陶器製である。

生徒が作った紙撚細工の籠、皿など

木製按摩器――一八八四（明治一七）年にロンドンで開催された博覧会に出品し、金賞に輝いた。今日でもよく見かける肩たき器様の物など一〇種近くが残っている。もっとも大きな函体《かんたい》の按摩器には、それを新案特許として申請した書類も見つかっている。

紙撚細工の器――京都府庁で生じた書き損じの反故《ほご》紙を無償で払い受け、菓子皿や炭籠《かご》、漆塗りの碗などに加工した。漆は教員が塗った。同窓会名簿にも「紙撚科卒」の人がある。需要の後退などに災いされて永続しなかった紙撚科だが、職域拡大への挑戦であった。

按摩機

前項で、職業教育に関わる資料の一つとして「一八八四（明治一七）年にロンドンで行われた博覧会で金賞に輝いた木製按摩機」を挙げた。ここでは、その一品を詳しく紹介したい。

その按摩機の実物は破損しているため、もとの形を正確に知るのは難しく、したがって駆動することは到底できない。そのことを長い間、残念に思ってきたが、近年、特許庁が保存している、この機械と思われる製品の「特許出願書」を入手することができた。それには部品の図面も付されている。

文書名は、「按摩機・特許出願書　第九三三二号　第一三三類　明細書」である。出願は、一九〇五（明治三八）年六月一日、登録は同年九月二日となっている。ロンドンに送ったもののそのものではなく、改良機かもしれない。当時は「震揺《しんよう》按摩装置」とネーミングされていたとも分かる。

「本発明は人力《じんりょく》によって、与えられる原動車《げんどうしゃ》の回転動力を、調緒《ちょうしょ》（ベルト）の媒介により、被働車《ひどうしゃ》に移し、被働車の回転のためその真軸《しんじく》を転回させ、その先端に固着する付属器の振動により、患部を按摩する装置で、その目的は過分の労力を必要とせず、主として機械力により按摩をすることにある」

「別紙第一図は本器全体の形状を示し、第二図から第七図は、本器を組成する各部の構造を示し、第八図は本器に使用する付属品を示す」(これらの図と一々の説明は、煩雑となるので略す)

「特許法により保護を受けようとする請求範囲は左の通りである。一、前述のように原働車(ロ)を構礎とし、原働車(ロ)は木製装置台(ウ)の中央部に設置された鋳鉄製支柱(イ)の中央部に装置され、その原働車を回転し、調緒の媒介により、その動力を被働車(ホ)に移し、被働車の回転によりその真軸を貫通固着する。数多く連結させた

「震揺按摩装置」と名付けられた按摩機

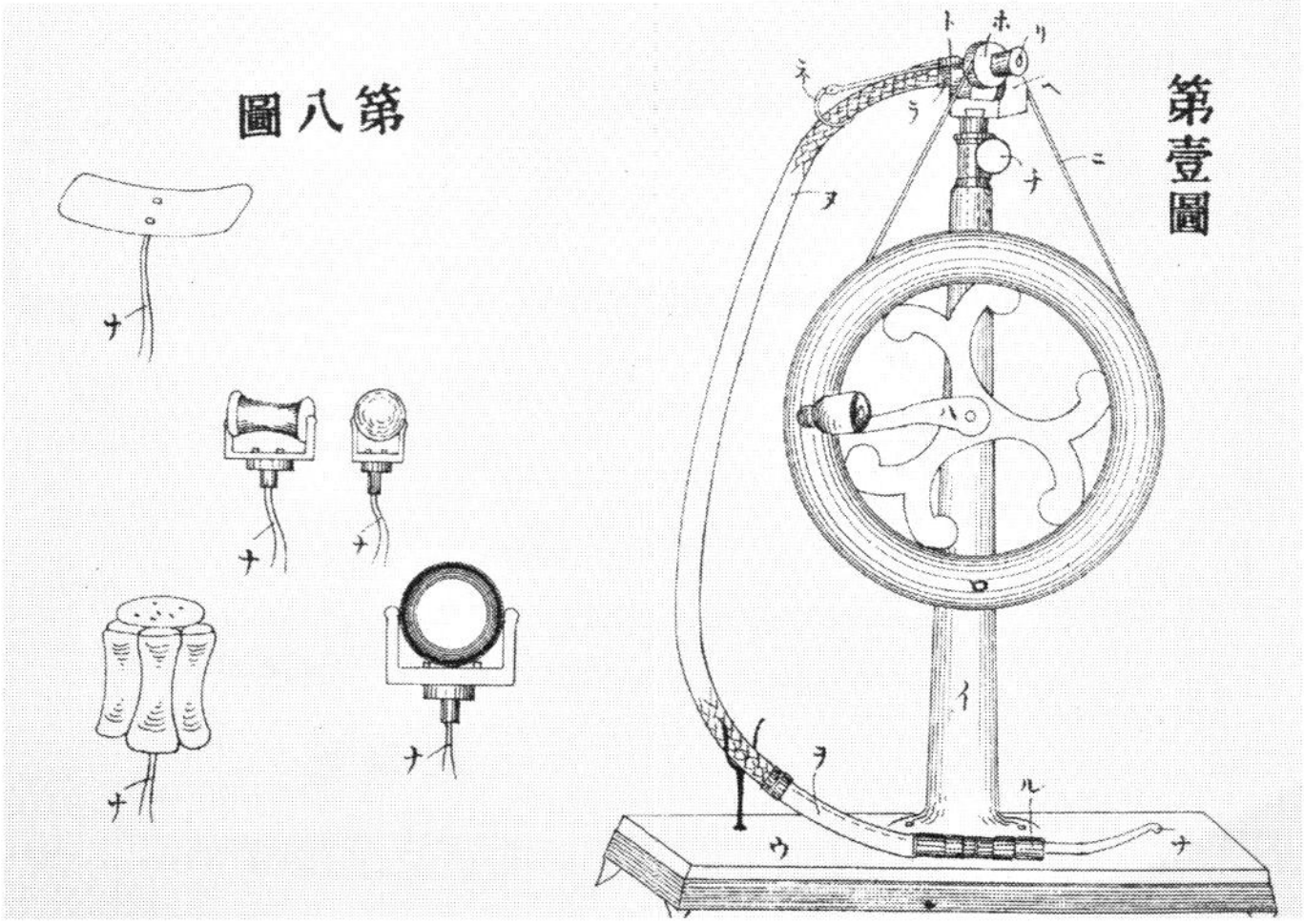

按摩機の特許出願書に付された本器と部品の図面の一部

「ケーブル」を回転させ、その先端（ナ）の部分に付着させた付属具を震動させ、自在に按摩するように作成されたものに、特に、皮《ひ》筒《とう》（ヲ）に包まれた短「ケーブル」（レ）を設け、これをその使用に際し、極微の程度まで屈曲を自由にする装置である震揺按摩装置。大溝周造《おおみぞしゅうぞう》」（引用カッコ内のカナは上図の中の記号に対応）

文中の「原動車」とは、直径三〇センチほどで、自動車のハンドルに似た形だ。周縁部に一つ取っ手がついている。その取っ手を握って、おそらく時計回りに回すとハンドル状の輪が回転する。その輪の外側にはベルトが装着されていて、回転力を他の部分に伝達できるようになっている。「被動車」は、ベルトを通じて力を受け止める部品を指す。「ケーブル」は「ベルト」に当たる。複数のベルトを通じて伝えられた力が、最終的には直径一〇センチの金属製の球をぐりぐりと動かす。その「ぐりぐり」が、人の背中などを按摩するというしくみだ。ここまでが、この按摩機のいわば内臓である。

外装のことを「木製装置台」と称している。要するに木製の箱である。幅四〇センチ、奥行き二一センチ、高さ六九センチだから、かなりの大きさということになる。漆が塗られて、高級感がある。ハンドルは、この箱の手前に位置し、「ぐりぐり」は箱の奥に開けられた穴から背面に突き出て働く。

この特許申請書は、ノーベル賞を受賞した田中耕一さんを擁する島津製作所の創業記念資料館の学芸員に助けていただいて入手することができた。細部には分からない点も残り、失われている部品があるので、やはり稼働することは叶わないのだが、盲唖院の創意を彷彿《ほうふつ》とさせる。

ところで、特許の申請は、この機械をイギリスに出展した年から二一年も後のことである。しかも、古河太四郎ではなく、大溝周造の名で行われている。そこに吟味を要する点は残る。大溝に関する資料は乏しいのだが、〈大溝式〉と刻印された点字器が存在するので、盲教育のための教具作製に深く関与した人物であることがうかがえる。按摩機の構造や装飾、木や金属加工の出来ばえから、高度な工作技術を持った職人だったとも推定しうる。しかも、盲唖院とつながりが全くないとは考えにくい。もしかすると、盲教育に用いた他の教具なども製造したかもしれない。だが、その答えもまだない。

6 点字の導入

盲唖院への点字の導入

京都府立盲学校の資料室で読むことのできる最も古い点字文は、一八九二（明治二五）年春の卒業式における答辞である。ただし、それよりも古い点字が少なくとも二つ、京都に存在する。一つは、同じ年の二月に上野弥一郎府会議員が盲唖院を訪ねた折に受け取って持ち帰ったものと考えられ、京都府立京都学・歴彩館に収蔵されている。

さらに古いのは、京都市歴史資料館が所持する点字一覧表であり、これは「明治二十四年七月八日」付の文書に付随している。鳥居嘉三郎院長の名で、点字器の購入を市の参事会に宛てて伺い出るうえで、点字の実物を添えたものとみられる。伺いの文面は次の通りだ。

京都市盲唖院慈恵函金支払ノ義ニ付伺
英国某氏発明ニ係ル盲生点字器械先般東京盲唖学校ニ於テ我五十音ニ適用教授致候処至極ノ効果ヲ得候ニ付本院ニ於テモ先月来試用スルニ同様ノ結果ヲ得候右点字ハ五十音ノ符合ニシテ盲人触覚ヲ以テ自ラ書シ自ラ読ミ読本備忘録等ニ用ヒ其記臆ヲ補ケ盲人社会ニ於テ実ニ至便ノモノニ有之候然ル処盲生中貧困ニシテ右器械購求スル能ハス為メニ折角ノ利器ヲ用ヒテ其功ヲ受クルヲ得ザルモノコレアリ実ニ愍然ニ御座候

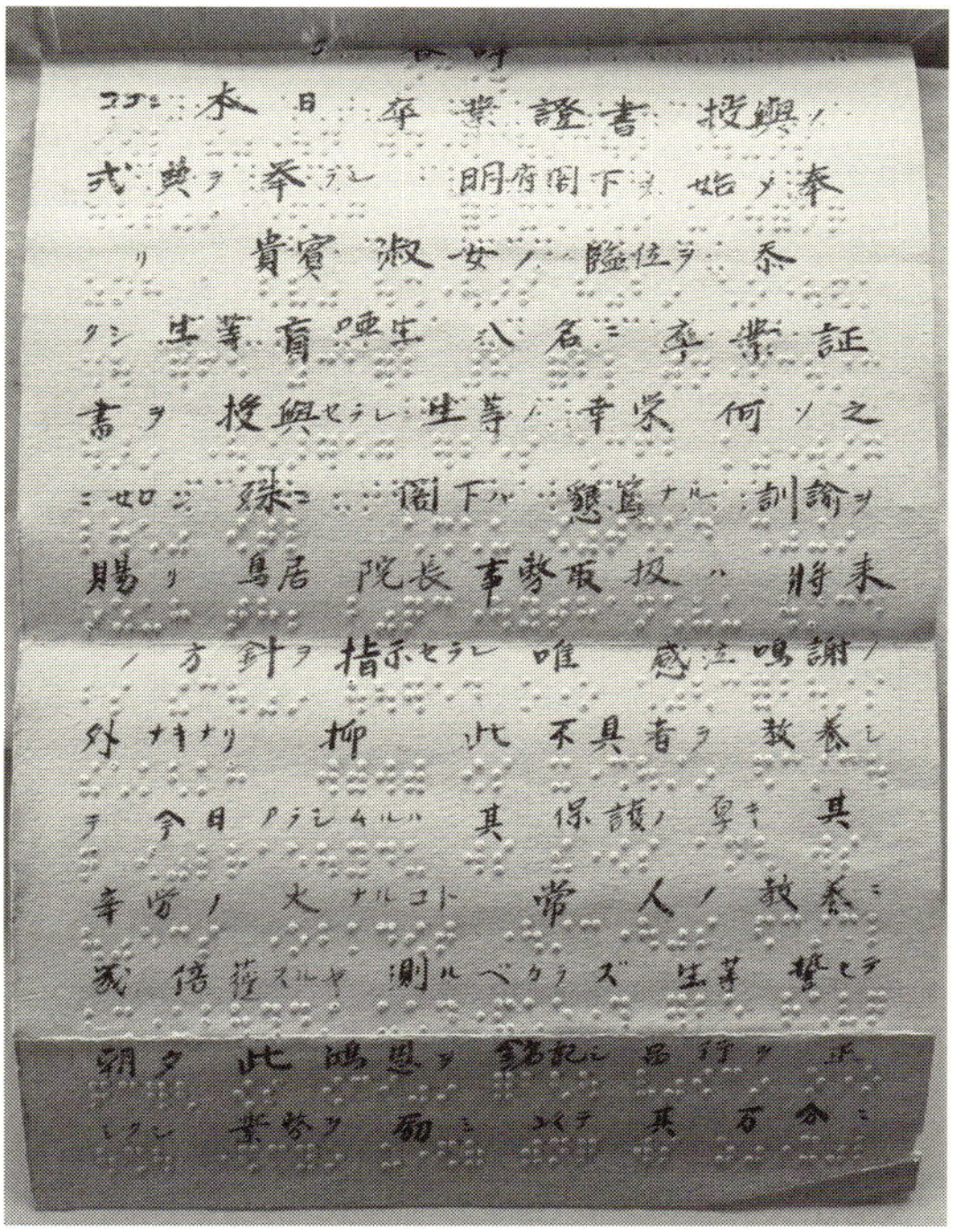

点字で記された 1892 年の卒業式答辞

就テハ予〃貧生ノ為メ諸方ノ有志家ヨリ学資ヲ貧生ニ恵与セシ金額積ンテ九円九拾八銭参厘ニ至リ候ニ付該金ヲ以テ右点字器械購求シ貧生へ付与致シ度尤右器械壱挺ニ付金壱円参拾銭木屋町二条下ル嶋津源蔵ニ於テ製造致シ候ニ付四挺丈購求致度代金五円弐拾銭有之候右伺出候也

まず、英国の某氏が発明した点字器械を東京盲啞学校で日本語の五十音表記に応用し、効果を上げているとする。この「英国」は、ルイ・ブライユの母国「仏国」とすべきものだったのかもしれない。あるいは「点字器械が英国から教育博物館にもたらされた」いきさつを受けた説明だったのだろうか。

ともかく、東京で石川倉次たちが翻案した点字はいたって便利なものである。京都でも採用し、教えたい。しかし、貧困な生徒は「折角の利器」である点字器が高額なので買えない。ついては、有志からの寄付金を貧しい生徒に点字器を与えることに使いたい。そのために島津製作所に発注したいが、いかが?という起案であった。

参事会・北垣国道知事はこれを了とする決議を行って、盲啞院の新しい試みを支援した。許可を伝える七月一〇日付の文書は、京都府立盲学校資料室にある。

なお、京都盲啞院が点字を指導し始めるにあたって島津製作所に点字器を発注した経緯を示す文書も読むことができる。島津から市参事会北垣国道に宛てた、点字器械製造の見積書が公文書に綴られているのだ。それによると、点字器一体は一円三〇銭で、都合一〇体と記されている。このときに製造された点字器が現存するかどうかは不明だが、それは業者による国産第一号にあたった。京都盲啞院は、これによって凸字教育が陥っていた隘路《あいろ》を脱出し、教育効果のめざましい充実をみた。点字導入の翌年には、教育課程全体を大きく見直し、教授の内容を一新していくことができたのである。

資料室には、幾種類もの点字一覧表、多様な点字器、種々の亜鉛原版、選挙用点字器、タイプライターなども豊富に保存されている（口絵viii頁参照）。表音文字であるために、点字は墨字に比べるとスペースがかさばりがちになる。一行、一ページに収める情報量を増やすために、点字のサイズを小さくし、通常一行に三二マス程度のところを、一行に四五マスも書けるように設計した製品もある。一行に九五マスの点字を打てるようにして大きな図表を書く特注品もあった。

京都市立盲啞院盲部の同窓会は、国産第一号の点字タイプライター「アイデアルブレイルライター」を設計・製造・販売した。ありあわせの現実に合わせるだけでなく、「こんなのがあったらいいなあ」という願いを掘り下げ、学習や生活の質を改善するための営みが当事者によって進められた。京都には、その改革志向を指す「京盲スピリッツ」が脈々と伝えられていった。生徒の短歌作品、同窓会の製品や点字機関誌が多数そろっているのも、京都盲啞院関係資料の特長である。

ステレオタイプメーカー

「48㎡の宝箱」の中の一点一点はどれも重みがあるが、物理的な重さで群を抜くのは堅牢な米国製の点字製版機、ステレオタイプメーカーだ。よほど怪力でなければ、大人二人でも持ち上げられない。

点字製版機を最初に導入したのは、東京盲唖学校だった。一八九三（明治二六）年に、イリノイ盲学校長ホールの発明による品を採用した。それまで、点字器でこつこつと打つしかなかった教員による教材づくりも生徒による転写の労力も飛躍的に軽減され、教科書を含む大量印刷・出版への道を開いた意義は計り知れない。横浜訓盲院にも創設者のドレーパー夫人が寄付した機械が早くからあり、聖書の点訳に活かされたとのことである。

京都のステレオタイプメーカーは、京都盲唖慈善会がその購入のために募った浄財で、国内三番目の機材として一九〇三（明治三六）年に取り寄せた。

この年は、京都盲唖院の創立二五周年にあたり、『瞽盲《こもう》社会史』と『盲唖教育論』を刊行

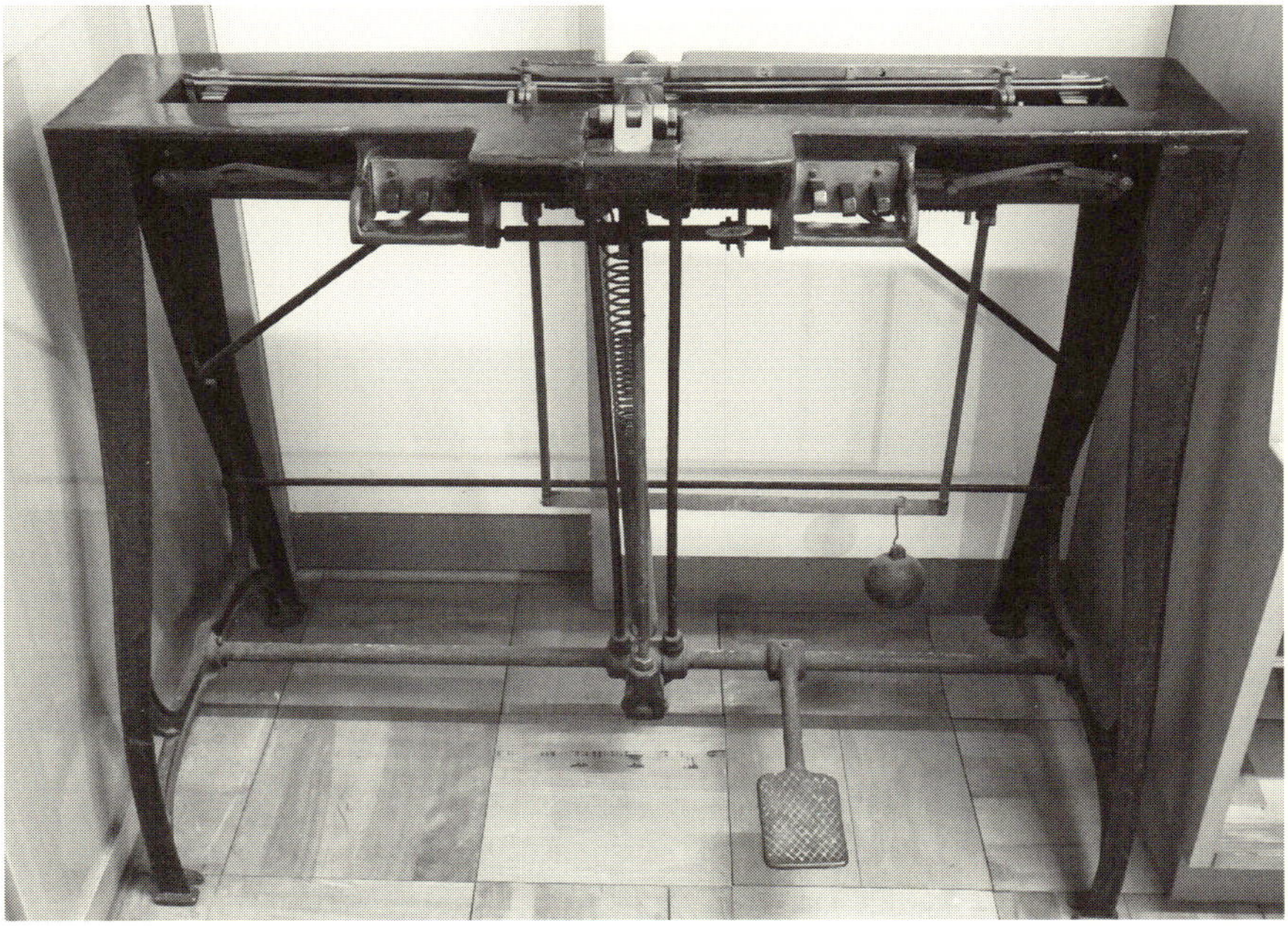

米国製ステレオタイプメーカー

して、近世までの盲人史と創業以来の実践で裏付けられた理論の体系化を期したエポックメーキングな年であった。その前年には、学校の諸規則を改め、盲教育、ろう教育の刷新を図ったまさに節目だった。しかし、教育環境や設備の面での壁がいくつかあり、中でも最大の課題は点字印刷の近代化であった。京都で最初に点字を教えた教員・中村望斎《もちまさ》や院長の鳥居嘉三郎は、東京の製版機を実際に見てきただけに、その入手を激しく渇望したという。

見かねた商議員辻信次郎、市原平兵衛《へいべえ》、それに内藤小四郎が発起人となり、三五年三月点字印刷器寄付の運動が起こされ、米国ハリソン社製ステレオタイプメーカー、ブレイユ・タイプライター各一台、洗濯絞り用ラバロールが購入された。機械類は三六年七月一九日に到着。寄付の総額は六〇五円七四銭であった。ステレオタイプメーカーは亜鉛版に点字を製版する器械で、ラバロールは印刷に用いられたのである(『京都府盲聾教育百年史』)。

彼らは京都の実業界の大物で、京都盲唖慈善会の役員でもあった。高額寄付者の氏名はステレオタイプメーカーの木製保護蓋に列記されている。

発注に際しては、訪米経験がある東京盲唖学校長・小西信八から助言を得、購入も同校を経由している。アメリカ側の商社はシカゴのクーパー・エンジニアー・コンパニーで、東京・有楽町にあった輸入業者・高田商会とやりとりした書類が残っている。三品の合計は、二二五ドル七三セント(四五三円七三銭)であったが、シカゴから東京までの輸送料、関税、手数料を加えると総計五四五円六三銭に上った。これを、東京盲唖学校名義で高田商会に支払った領収書も現存する。ちなみに、一九〇〇(明治三三)年の物価を示す資料によれば、米一升が一二銭、給与所得者の平均年収が二七四円、総理大臣伊藤博文の月給が八〇〇円だったという。

一九〇三(明治三六)年七月一九日の『宿直簿』には、「東京ヨリ　ステロータイプメーカー到着」とある。実は、この前々日、東京から石川倉次、遠山邦太郎など四人もの教員が京都市立盲唖院を訪れ、点字製版機の使用方法の講習も行った。至れり尽くせりの協力であった。鳥居らは、感謝の気持ちをこめて東京の諸氏を京都の観光地に案内し、宴席も用意した。

九月七日には、寄付者のうち市原平兵衛らが、点字タイプライターの使用方法を参観するために来校している。夏の間、盲唖院の教員たちは、操作の熟練を目指して汗を流したことだろう。

待ちに待った新品の機械はさっそくフル稼働することになる。その年のうちに、院内盲生の生徒会にあたる「篤交会」の会報第一号が点字でも印刷・配布された。それが後には、提起雑誌『点字世界』『光』の発行へとつながる。京盲資料室には、一九〇八（明治四一）年に催したルイ・ブライユ生誕一〇〇年を記念する講演会の演説内容を点訳した亜鉛原版が保存されている。鳥居篤治郎は一九〇九年、京都市立盲唖院の生徒だった時期に、文部省から発行された墨字の『訓盲楽譜』を自ら製版し、頒布した。その亜鉛原版は現在、京都ライトハウスにある。

点字製版機の獲得は、希望への必須の種であり、時代を画する壮挙であった。

ルイ・ブライユ石膏像

明治の中頃に日本で作られたルイ・ブライユの石膏レリーフがある。しかし、いくつか謎がないでもない。

直径二一・五センチの円形で、厚さは部分によって〇・八～三センチ余で凹凸がある。色づけされておらず、表も裏も白色だ。長い年月のあいだにいくらか灰色がかっているが、保存状態はまずまず良好だ。重さは五〇〇グラムだから持ち重りのする品ではないが、歴史の角度から考えると軽く扱うことは決して許されない。

洋服を着た姿で凸状の胸像として表現されている。今日の私たちになじみの深いブライユ像だ。この像を誰が、いつ、作ったのか。いつどのようにして京都にやってきたのか。こうした疑問は、すぐにあらかた解ける。複数の裏付け史料があるからだ。

まず、作者は、青山武一郎《たけいちろう》である。石膏像の裏面に「青山武一郎」と墨書きで明記されている。青山は、東京盲唖学校の教員で、美術を担当していた。どちらかと言うと、盲教育よりもろう教育・ろう者運動で活躍し、その名がよく知られた。一九〇六（明治三九）年に、東京・大阪・京都の三校長、小西信八・古河太四郎・鳥居嘉三郎が文部大臣に宛てて「盲・唖分離と義務制度化」を求めた建議の背景となった「聾唖教育講演会・第一回全国聾唖大会」を主宰した日本聾唖技芸会の代表者であり、後にろう教育の充実とろう者の職業問題で全国をリードする一人となった。

青山がこの像を作ったのは、一八九五（明治二八）年の夏よりも前だ。レリーフの裏面に、

ルイ・ブライユの石膏レリーフ像（上）と裏面（下）

「明治廿《にじゅう》八年七月十●日」とある。●の部分は一文字消えている。これは青山から贈られた日であることを示唆し、制作年月日とは考えにくい。

この寄贈については、京都市立盲唖院の『日誌』七月二八日の欄にもっと明確に記されている。

石川倉次《いしかわくらじ》 遠山國太郎《とおやまくにたろう》 青山武一郎ノ三氏盲唖教育上ニ関スル諸協議ヲ為ンガ為来院ノ旨通報アリ本月十二日着院セラレタリ因テ三氏ノ来京并ニ滞在中ノ顚末ヲ左ニ略記ス

東京盲唖学校ヨリ同校職員青山武一郎ノ製ニ係ル点字ノ発明者るいぶりいゆ氏ノ石膏像ヲ贈進アリタリ。

翌年には、京都の鳥居嘉三郎院長が東京に長期出張し、点字を含む指導法や盲・唖分離に関する共同研究に着手し、それから明治三〇年代に東西の共同研究が花開く。そのきっかけとなった青山らの上洛だった。

三人の賓客は、二八日の夜汽車で京都駅を発つまで滞在した。京都側は、入洛直後に歓迎の茶菓会を催し、見送りに際しては「本院製盲生地理教授ニ用ヒ来ル針跡日本各国地図一冊并ニ小遣帳記入練習一冊参考トシテ送リ」、唖生・児玉兌三郎《こだまたいさぶろう》、伊集院キクらの絵や刺繍を学校に宛てて、三氏それぞれに対しては七月一五日に撮影した記念写真を謹呈した。小遺帳は点字用だったと推定しうる史料もある。

石川倉次らによって日本訓盲点字が編み出され満五年を迎えた頃だ。京都が導入してまだ四年余りしか経っていなかった。点字による教育が徐々に各地に広がりつつあったとはいえ、この国土の上にいったいどれほどの点字利用者があっただろう。

ところで、青山は、どうやってブライユの顔立ちや体型や服装を知ったのだろうか。写真か絵か立体造形から描いたのだろうが、どこから、誰によって入手できたのだろうか？

東京教育博物館の手島精一が小西信八に提供したアーミテージの『盲人の教育と職業』には、ブライユの写真は載っていない。初版にも第二版にもない。あるいは、手島のコレクションにはレリーフもあったのだろうか。小西の外遊は、翌一八九六（明治二九）年一二月の出発だから時制が合わない。

青山の石膏レリーフは、ルイ・ブライユ以外の何者でもない。たいへんよく似ている。何らかのモデルか資料があったはずだ。東京盲唖学校は一八九三年にコロンブス世界博覧会へ製品などを出展している。そうした国際交流を通じてもたらされたのだろうか。

7 学校づくり

盲生教場椅卓整列図

一八八二（明治一五）年に古河太四郎が著した『盲唖教授参考書』には、生徒の姿勢について掘り下げた見解が述べられている。ここでは、原文のままでなく、いくらかの補いや表現上の変更を加えて紹介してみよう。

まず、「盲・唖生とも、椅子に腰かけるときには、必ず左足を十分に引き、胸と左膝を一直線にして頭がうなだれるのを防ぐ。このようにすれば、自然に胸のあたりが広がり、鬱屈した気分を発散できて、かつ右手が動かしやすい」という。目の見えない子どもたちがうつむく姿勢になりがちなことに気づき、対策を考え出したのだ。

授業中には、「（右手を使わなくていいときには）左手の親指を右手で堅く握り、膝の上に組む」よう求めた。「組手法《くみて》」と呼び、「精神の放逸を防ぐ」ためだとする。

厳寒の季節の注意も記されている。「極寒の際は、両手の親指と中指の先で輪をつくってリングのように組み合わせ、そのまま合掌し堅く握り（別の説明によれば、「右手の全指を左手にて、また左手の全指を右手にて握り」）合わせておけば、両手の指先はすべて外に出ない。こうすれば指の先から冷えることがないので、かじかみにくく、ノートをとるのに便利である。大切なポイントである」と。これは凸文字による学習の頃だけでなく、点字が導入されてから後も有効であったかもしれない。

生徒用机の構造については、「卓を作るには必ず巾一尺二寸にして、テーブルに二分の勾配をつけるべきである。これは、人

教室における生徒の机の配置法を描いた「盲生教場椅卓整列図」

の自然にして、手を出すには必ず一尺二寸（約三六センチ）にして二分の勾配を生ずるものだからである」とする。腕を伸ばして届きやすい前後幅で設計したのだ。「盲生教場椅卓整列図」に描かれた机は二人掛けで、机の左右幅は三尺一寸五分（約九五センチ）とする設計略図がある。並んで座る生徒はやや窮屈そうだ。半盲・弱視を意識した斜面台が企図されたというのではないが、台面に勾配をつけたのは興味深い。書面台のような器具も備えられている。

渡辺平之甫が編纂し、一九一三（大正二）年に文部省から刊行された『古川氏盲啞教育法』には、教室における机や椅子の配置についての言及もみられる。

「教室に於ける机や椅子の並列法は、聾啞生は一般校の教室での並べ方と同じでよいが、盲生用のそれに限っては向かい合うように二列置き、生徒は横並びに座る。教員用には教室の中央に縦に並ぶ二列の前部と後部の両方に教卓を置く」とされる。教卓と椅子は二セット用意されるのだ。そして、「教員は、ある日は教室の前側で、次の日は教室の後ろ側にと、一日交代で立ち位置を変えて教えるべきだ」という。

それはなぜか。「失明者だから黒板に向かい合う座り方はしなくてもいい」のが一つ目の理由。もう一つの理由として、「人の脳髄に非常に精緻な思考や感覚を与えると必ず首を傾けるのが自然の理であって、机を横並びにすると、必ずその耳を傾け、教員の話を聞き取って内容を理解するのが速くなる（首を傾ける方向が偏らないようにするため、教師は日替わりで立ち位置を変える）。これは現に本院に於いて経験して効果が確かめられている」とある。

ちなみに唖生の座席配置は通常の教室と同様だとしたうえで、黒板の高さに関する考察が加えられている。位置が高すぎるのは害が大きく、両眼の視線を水平に保てるのがよいとし、吊り下げ型にして高低を自在に調節するのを「便」とした。

「幼稚生」の机については、アルファベットのCのように配列されている（口絵vii頁参照）。お互いを見る機会が増え、親しみが育まれるというのだ。

そのやり方を応用したのか、京都盲唖院の教員として最初に点字を学び、生徒にも指導した中村望斎は、生徒の机をカタカナのコの字型に並べた。中村に教わった私立奈良盲唖院（現・奈良県立盲学校）の創立者・小林卯三郎は「一人ひとりの生徒の前に来て、物をさぐらせたり、珠算の時には指の使い方を手を取って教え、また、地図などのさぐり方を指導」してくれたと、『語り告ぎ言ひ継ぎ往かむ――わが学び舎九十年の歩み』（京都府立盲学校、一九六八年）で懐かしく回想している。

ろう教育史料

一九一三（大正二）年に、京都市立盲啞院は校名を維持しつつ、椹木町《さわらぎちょう》通一つを隔てた北隣に聾啞部を設け、盲部との分離を果たした。そして一〇年後に発布された盲啞教育令を受けて、一九二五（大正一四）年に完全分離を成し遂げた。現在、旧盲啞院跡には京都第二赤十字病院が建っている。

完全分離は一八七八（明治一一）年の創立から四七年を経ていた。資料室には半世紀に近いろう教育の史料も数多く収蔵されている。

京都盲啞院の創立を準備する過程では、一時期〈聾盲院〉などの呼称も用いられた。最終的に〈盲啞院〉を選んだ理由を示す文書は見当たらないが、原因としての聾（聞こえない）よりも、その結果としての啞（話せない）のほうに着目したものとは指摘できよう。

明治一〇年代の、盲生と啞生の学校生活はどうであったか。第一期の入学は、盲生一七名、啞生三一名であった。一八八五（明治一八）年には寮への入舎も合計六〇名となり、一八八八

児玉兌三郎（渓堂）「盲唖院校舎図」

六（明治一九）年の在籍者数は、普通学科盲生八名、唖生五五名、専修学科盲生四二名、唖生四二名に達している。教育課程は、年を追って改良・変化したが、普通教育をベースに職業科を学ぶのが基本であった。

一八八六年の唖生の職業教育としては、銅器彫鐫《ちょうせん》、和木唐木指物、刺繍工、裁縫、書、画が挙げられている。

盲生と唖生が同じ校舎や寄宿舎で生活したが、教室は別であった。両者の交流ぶり――親和や対立――を示す資料は乏しい。同じ学舎で生活と自立への夢は共にしつつ、コミュニケーション上の方途をどう試みたのであろうか。

当時のろう者の実態調査・古河太

四郎の障害観・聾唖教育の内容を示す文書、「手勢法」や「発音起源図」、入学・卒業・退学関係書類、学校日誌、試験問題などどれもが貴重で、研究の発展とともにますます価値が高まっている。

グラハム・ベルが一八九八（明治三一）年に来日した折に京都で行った講演記録を文字に起こした記録を含む文書綴り『ベル来院記』も残っている。

盲唖院時代の唖生に対する美術教育に関わって、宝箱に残されている唖生の作品は秀作揃いだ。筆頭に挙げてよいのは児玉兌三郎（渓堂）の「盲唖院校舎図」であろう。明治三〇年代の改築を経た後の校舎を西方斜め上から鳥瞰した構図だ。背景には比叡山もそびえ、盲唖院のたたずまいをよく表している。彼には、菊と蝶を描いた四枚組の小襖《こぶすま》もある。児玉は卒業後には、盲唖院の絵画科教員ともなった。

児玉と共に、画家としての技量や唖生同窓会の活動で知られる岡元次《もとじ》（藤園《とうえん》）の絵もある。絹布に山茶花《さざんか》とメジロをあでやかに描いた逸品（口絵ⅷ頁参照）は、筆者が額装を手配した。岡の師である望月重蔵《じゅうぞう》が買い求め、私邸で使ったという桑の木を用いた飾り箪笥《だんす》もある。一枚板の大きな桑が材料になっているが、それは今ではまず手に入らない。飾りの彫刻もみごとで、製造に携わった唖生の腕の確かさ、それを指導した教員の水準の高さがうかがえる。

これら、岡と望月ゆかりの品は、京都府が望月重蔵に与えた辞令などと共に、近年、望月のご遺族が寄贈してくださった。「48㎡の宝箱」は、宝物の新たな発見・収蔵にも力を入れている。

なお、児玉、岡の他にも、絵画に秀でた唖生がいた。たとえば、一八九七（明治三〇）年五月九日の『日注簿』によると、今井漸吉の「鯉遊図」や吉原千代の「長春鳥骨鶏図」などが第一回全国絵画共進会から褒状を受けている。卒業後の今井には闘病に苦しむ書簡があるが、吉原は玉峰を名乗って活躍し、日出美術協会からも表彰されるなどしている。吉原と伊集院キクの絵画作品は京都婦人手芸会に出品されたと記録されている。その伊集院は鹿児島の初期聾唖教育に名を刻んだ人である。

唖生対象の職業教育で取り上げられた刺繍や彫鐫（彫刻）については、いずれも実作品は残っていないが、内外の博覧会などに出品したときの、作者・主題などを書き連ねた文書がある。刺繍については下絵と思われる文様が描かれた和紙の綴りが現存する。

他に、唖生の生徒会や同窓会の活動ぶりを物語る史料もいくらかある。京都盲唖院を卒業した後、松江や京都で唖生に対する教鞭をとり、ろうあ運動を牽引した藤本敏文、彼を指導した鳥居嘉三郎院長、東京の小西信八らによる肉筆の書簡も見逃せない。

瞽盲社会史と検校杖

京都市立盲唖院は、一九〇三（明治三六）年三月一日付で『盲唖教育論』を刊行した。古河太四郎の辞任、鳥居嘉三郎の事実上の院長就任という更迭人事に発展した危機から一四年。経営面だけでなく、教育条件や学校体制が安定してきたことを背景に、盲・ろう教育の実践を理論化した書であり、附録として『瞽盲《こもう》社会史』を併載した。全体としては、日本初の「盲唖教育の実践を踏まえた研究書」と評することができ、『瞽盲社会史』は近代に入って最初に書かれた「日本の盲人史」である。

現在、その全文（墨字で正味六四ページ）が国立国会図書館の近代デジタルライブラリーに登載され、ダウンロードして読むことができる。

『瞽盲社会史』の序文には、「当道大記録当道式目等を除けば殆んど史料と称すべきもの」がなかった上に、「維新の際盲人官位の廃止と共に徳川時代の記録も往々散逸」したと嘆いている。その困難を排して、相村保寿《すぎむらやすかず》検校、古川、藤村、松阪の三勾当《こうとう》、泉座頭《いずみざとう》などの談片《だんぺん》、

「其他雑書」を参考にまとめられた、とある。

章立てのみを追ってみよう。第一章・盲人社会（当道）の沿革、第二章・官制、第三章・統治機関、第四章・経済制度、第五章・司法制度、第六章・年中行事及典礼、そして、第七章・職業で締めくくられる。

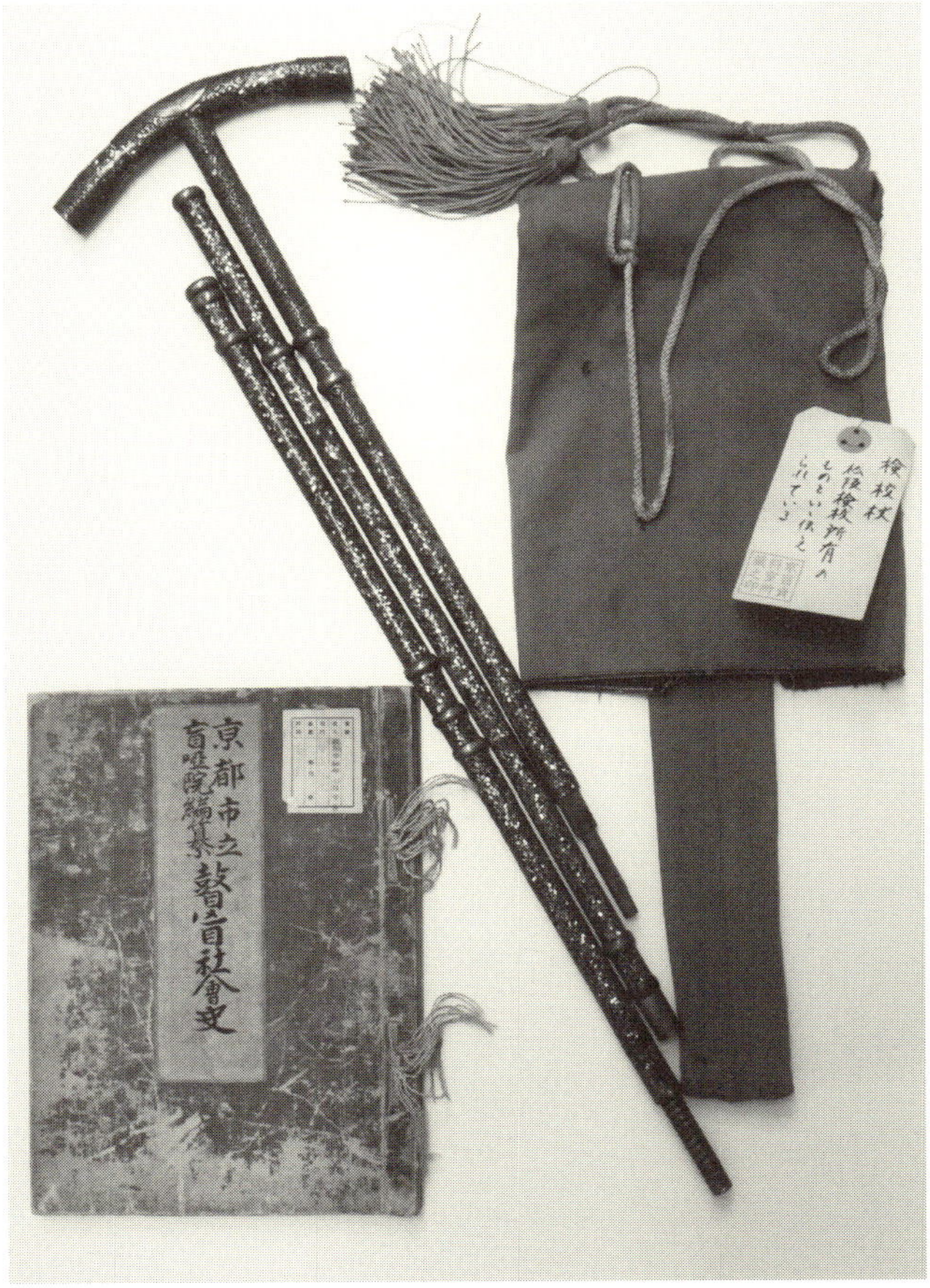

『瞽盲社会史』（左）と松阪春栄由来の検校杖（中央）

一つひとつの内容に立ち入るゆとりはないが、当道座に関する文献として重要である。学問的には、中山太郎氏や加藤康昭氏などによって、これを超える批判的解析が行われている。本書で注目したいのは、当道座の情報を語り継いだ勾当や検校などの存在だ。

筆頭に挙げられている楫村保寿は、明治維新に際して、桑名藩のとりつぶしを回避する政治工作に力を揮った盲人で、左近允孝之進が『あけぼの』創刊号に傑物としてその名前を記した一人だ。本来の姓は杉山和一と同じだが恐れ多いと、同じスギでも国字の「椙」に変更したという。当道座を含む盲人史の生き証人として情報を提供したのであろう。椙村が三重県での慈善音楽会を企画して鳥居嘉三郎に演者の派遣を要請した明治三五年付の手紙も残っており、交渉の深さが認められる。

一八七一（明治四）年の当道座廃止後、前近代を封建的なものとして否定する盲教育に対して、旧当道座の人々には複雑な思いがあっても不思議はない。しかし、京都盲啞院の場合は、職業教育の分野で、高度な技量を備える検校・勾当たちが音曲科のために惜しみなく力を貸した。一八八〇年の箏曲・三弦教育の開始に際して、旧検校・岡予一郎《よいちろう》がまず教員として迎えられた。翌年には、やはり旧検校の幾山栄福が就任。古川龍斎も弦歌の教員となり、藤村繁三《しげぞう》、松阪春栄なども進級試験・卒業試験の試験官役を担った。泉座頭については、手がかりがなく、フルネームも確定できていない。

さて、資料室には「検校杖」が残されている。邦楽家として手事《てごと》の名手であり、「楓の花」などを作曲した松阪春栄の所有であったと伝えられる。当道会の検校・松阪から彼の弟子である津田青寛《せいかん》に譲られ、津田からさらに京都府立盲学校へと移ったという。

鈴木力二氏によると、筑波校には、「村野検校が天保十一年三月十七日久我家より拝受した」盃《さかずき》と、長さ七六センチの杖が保存されているという。こちらはそれより長く、ネジ式で三本に分割できる。すべてつなぐと一メートル三六センチとなる。四五六グラムと、重くもある。全体が精巧な螺鈿細工で装飾されていることからも、権威を示すための装具であったと思われる。「48㎡の宝箱」の中で、文字通りの宝物というわけだ。

なお、『日本盲教育写真史』（鈴木力二編著、あをい会、一九六〇年）の二ページに、この杖の写真があるが、説明と写真の位置が離れすぎており、「折りたたみ式」という説明も誤解を招き惜しまれる。『図説盲教育史事典』の一二ページも同様である。

受恵函

一八七七（明治一〇）年の西南戦争による戦費調達で生じたインフレを解消しようと、大蔵卿・松方正義が行った財政政策によりデフレ不況が起こった。京都府盲唖院はそのあおりなどによって、発足の数年後から極度の経営難に見舞われた。当初から公的な財政措置もあるにはあったが、十分ではなかった。危機にあたり、文部省が古河太四郎に東京盲唖学校兼務を発令してその給与を負担するなどの援助を行った。しかし、経営の行き詰まりを打開できず、古河は退任を余儀なくされる。一八八九（明治二二）年のことであった。

その年、市制が実施されたのを機に、盲唖院は財政力のある京都市に移管した。だが、学校予算が一気に潤沢になったわけではない。第二代院長・鳥居嘉三郎は、長期化を覚悟の募金活動に日夜奔走しなくてはならなかった。お寺の石段に腰かけて持参のむすびを頬張り、時間を惜しんで駆け回ったという。その獅子奮迅ぶりを示すエピソードにはこと欠かない。

資料室に、木製の募金箱が一つある。「受恵函《じゅけいばこ》」（ＣＨＡＲＩＴＹ　ＢＯＸ）と名付けられている。幅二四センチ、奥行き一五センチ、高さ二一センチだ。上面にしつらえられたお金の投入口は、幅一センチ、長さ一二・五センチである。外からは見えないが、内部には賽銭箱のようなしかけが施されていて、逆さまにしても中のお金はこぼれ出ない。側面にある鍵を操作すると、下部の函体を引き出して浄財を回収できる。

これは、一八九五（明治二八）年、第四回内国勧業博覧会が開かれた円山公園や岡崎公園に設置された。かたわらに、木製の看板も吊り下げられた。縦長（縦六九センチ、幅二三センチ、厚さ八ミリ）のその板に書かれているのは次の文章だ。文字は、彫刻され、白く彩色されている。

まず、上部に、横書きの英文。

寄付を呼び掛ける木製看板（左）と受恵函（右下）

Ladies and gentlemen will please to put into this box whatever sum of money you may choose, in order to help the poor and pitiable mute and blind pupils in this asylum.

下部には縦書きの日本文。本文は漢字とカタカナで、すべての文字に、意訳もしくは噛みくだいたリライトに近いひらがなの「ルビ」が付いている。

世ノ慈善君子若シ此憫ムヘキ貧窶盲唖生ノ学資ヲ補助セラレントスル志アリテ金員ノ多少ニ拘ラス此函へ恵投アルトキハ本院謹テ之ヲ受領ス

「ルビ」は次のとおりだ。「めくら　おし」も歴史史料としてそのままとする。

よの　じぜんがた　もし　この　あはれむべき　まづしき　めくら　おしの　もの、まなびの　いりようを　たすけたまふ　おこ、ろざし　ありて　かねの　おおき　すくなきに　かかわらす　この　はこへ　めぐみいれたまふ　ときは　ほんいん　つ、しんで　これを　うけおさめますアピールは、三タイプの読み手を想定している。第一に、滞在もしくは観光のために訪れる外国人である。一八七二（明治五）年の博覧会開催を機に許可されて以来、入京する欧米人は増えつつあった。彼らのチャリティ精神を引き出そうとしたのだろう。第二が、漢字かな交じり文を読むことのできる層の人々である。その「慈恵」精神に期待を寄せたのであろう。第三は、ひらがななら読める人たちである。子どもも含めてできるだけ多くの庶民に盲啞院の存在を報《しら》せ、力添えを要請したかったのだろう。

京都市内千本鞍馬口にあって「千本の眼医者」と慕われた益井茂平《ますいもへい》・信親子は自らの医院内に募金箱を常設し、集まった金員を再三にわたって盲啞院へと運んでくれた。治療の甲斐なく失明した患者の行く末を案じ、盲教育をバックアップした益井はロービジョンケアの理念に気づき、実践した魁《さきがけ》であったと言えよう。

筑波校の史料には、明治後半から大正期まで活用された「楽善函《らくぜんばこ》」が存在する。それにも「CHARITY BOX」と書かれている。募金箱の設置、慈善音楽会の開催などは全国各地で繰り広げられた。慈恵思想には吟味を要する点も指摘しうるが、国や地方自治体の理解がまだ乏しかった時代の、苦闘と知恵を物語る「受恵函」であった。

第3章　盲啞院・盲学校が育んだ文化

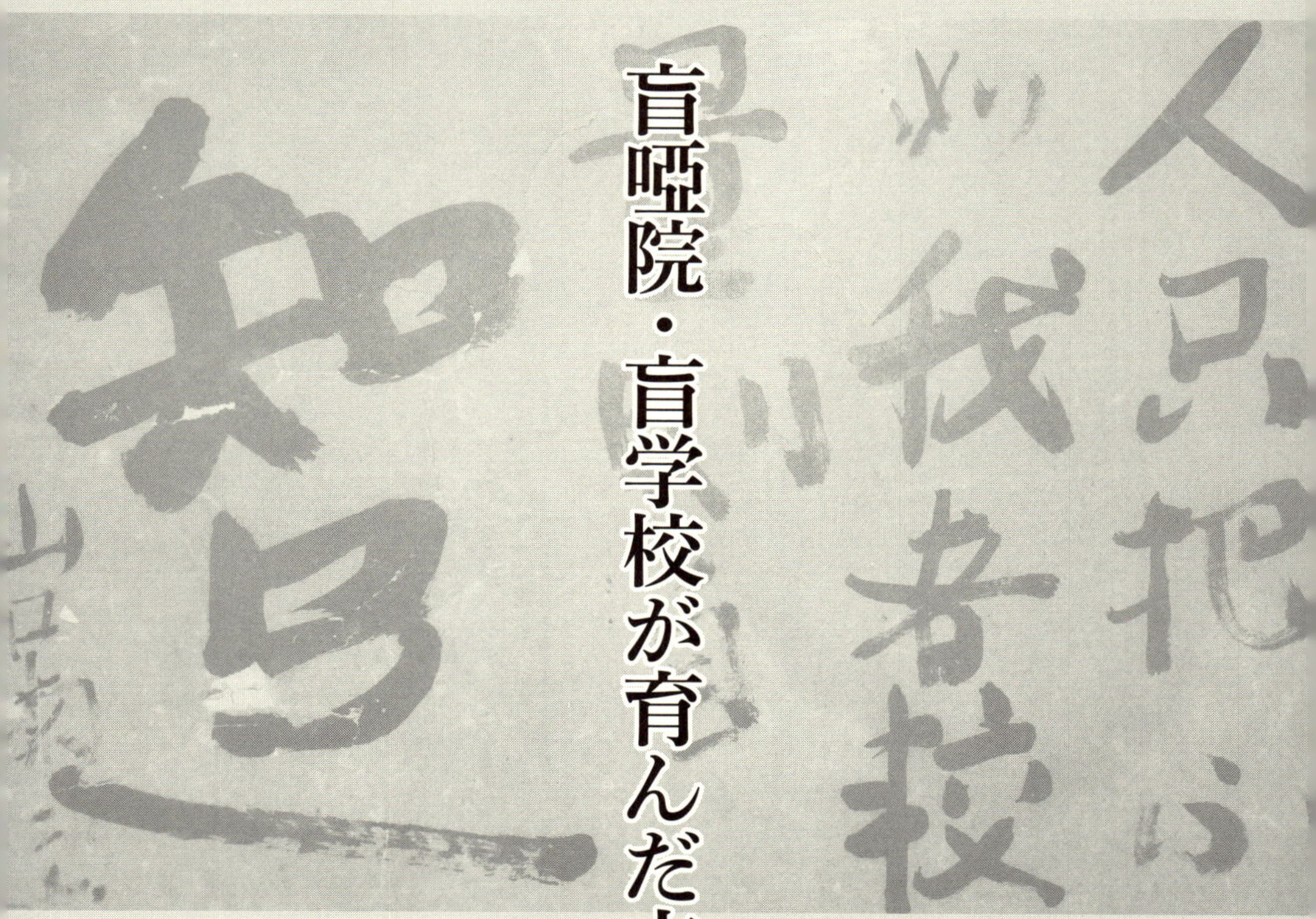

これからの視覚障害教育に活かせる文化として

点字をめぐる専門性

京都府立盲学校の資料室を訪れた児童・生徒たちは、先人の知恵や工夫に直接触れた感動を、笑顔とともに語ってきた。

「凸字って、おもしろい！　すべすべしてる」
「障害を乗り越えようとした熱を感じる……」

校内に資料室があることを活かしたい。全国の盲学校や視覚支援学校にも、それぞれの歴史をくぐってきた教育遺産ともいえる資料がある。安易な廃棄や消失を防いでいくなら、将来にわたって、過去に学び、それを越えていく練磨を通じて、目前の生徒にそれを活かしていくことは可能なはずだ。

全国におよそ七〇の盲学校・視覚支援学校がある。特別支援教育体制への移行にともなって、盲学校は、校名の変更、障害の多様化、通常校に在籍する子らへの支援に、かつてないあわただしさで向き合ってきた。とくに在籍する幼児・児童・生徒の減少に揺れているといってもよい。もともと視覚障害は発生率が低い。医学の進歩による視覚障害の発生防止は喜ばしい。それに加え、在籍数の減少は、統合教育の広がりとも関係する。最近の激減はかって経験したことのない状況をみせる。

盲学校が受け入れている児童生徒の中には、「見えない」子のほかに、「見えにくさ」をかかえた人も少なくない。また、複数の障害があわさった「見えないだけではない」子も増えている。視覚以外の特別な教育的ニーズをもつ子や通常校で学んでいる弱視児などへの支援も引き受けつつある。

象徴的な一例を素描してみよう。

その生徒は、小学校・中学校時代を地域の通常校で過ごし、高等部段階で盲学校に移ってきた。こうした経緯をたどる生徒はかなりいる。強度の弱視であったが、通常校では拡大教科書が供されることも、系統的に点字に触れることもなかった。学習に苦労を余儀なくされてきた。盲学校に移ってきてもしばらくは拡大した文字をベースに学習する。本人の意欲が示され、点字も学び始めたが、習得には時間も要した。一部の教科を点字に切り替えたのは二年目だった。だが、まだ不徹底だった。すべての学習と生活を点字に一本化する決断ができたのは、三年生になろうとするタイミングであった。それから半年ほど経た頃、口をついて出た言葉があった。「やっと自分の文字を確立できた」と。

一人の少年が、学ぶ人として蘇った！　記録や伝達、表現・認識・思考のツールとして、点字がしっかりと立ちあがったのだ。それは、点字そのものと「盲学校の備える専門性に出会った」ことと切り離しては考えられない。このエピソードをきっかけに気付いたことが二つあった。一つは、いわゆる統合教育を受けている子の中に、ほんとうはもっと早く拡大教材や点字に出会うチャンスがあるべきなのに、その機会に恵まれていないケースがあるのではないかという疑問。二つめには、現に通常学校で統合教育を受けている児童などに対して、文字学習の面で盲学校の持つノウハウが貢献しうるはずだという期待である。

盲啞院時代の文字教材から学ぶ

一八七八（明治一一）年から一八九〇年までの間、京都盲啞院は「日本に点字がない」という条件の下、どのようにして盲児に「普通の文字（墨字）」を身につけさせるかに腐心した。「点字以前」の文字学習を支えた文化財から数点を抽出し、今日の文字指導に生かしうる要素を考えてみよう。

背書・掌書――「盲生背書之図」では、画面中央に生徒二人が腰掛け、その側に教師が立つ。右の教師は生徒の背中に指先で「学」という漢字（旧字体）を書き、左の教師は生徒がかざした掌に画数の少ない文字をなぞっている。知ることの喜び、教える者と教わる者に通う温かい絆が感じられる絵でもある。この方法は、指の動きとともに文字が消えていくという欠点があるが、道具を必要としないから、いつでもどこでも行える。ただし、掌に書かれる字の向きが重要である。教師側から見て正しい向きにするのではなく、一八〇度回転させた文字を指先で再現しなくてはならない。このことは、盲ろう重複障害者との指点字によるコミュニケーションにも共通する留意点であろう。

木刻凹凸文字・紙製凸字・凸字教科書など——木の板に凸字や凹字を刻んだ木刻凹凸文字には、見えないことへの気づきと配慮がいくつもこめられていた。一つは、片面に凸字、もう一方に凹字が表現されていること。これは「凸のほうが分かりやすい」という生徒と「凹のほうが分かりやすい」という生徒がいたからだ。一人ずつへの丁寧な向き合い方が貫かれている。個別のニーズを知った上で、子どもの選択権を保障したことにもなる。文字の向きを、向こう側の辺に三角の小さな切れ込みを入れることによって感知できるようにもしていた。教具づくりの繊細さにも学びたい。

蠟盤文字・盲生の書いた文字——固まった蠟の表面にヘラで字を彫る「蠟盤」という道具で、視力のない子が字形をなぞり、自分が彫った線がどういう形になったかを指先で確かめることができる。読むためにも、書くためにも、いかにして文字を三次元（凹凸）化するかの追究が、必須であった。「自書自感器」「表裏同画記得文字」などでもその観点が貫かれた。そして、ひらがな、カタカナ、数字、漢字などの字形を学び、漢字の意味や書き方まで習得していった。第一期入学生のしたためた習字の巧みさには驚嘆するが、全盲の生徒の誰もがそこに到達できたわけではなかった。学習の困難から退学した盲生も少なくなかった。

コンピュータ時代を迎えて、メールやウェブサイトやデジタル文書などに対応するためには、点字ユーザーも墨字になじむ必要に迫られつつある。今日では、点図、立体コピー、音声読み上げソフト等も駆使して、漢字などを学習する条件もしだいに整ってきている。書いた直後に、線として盛り上がったまま乾燥固着するインクもある。3Dプリンタなども有効だ。

盲啞院教具との出会いから

明治期の多彩な教材・教具は、単に「昔をしのばせる」だけでなく、現在の視覚障害児者を励まし、学習意欲を引き出すパワーを持っている。

盲学校には、幼児から義務教育段階の児童生徒、さらに成人の在籍者まである。異年齢の集団を通じて、幼い子どもたちが「あこがれの先輩」や「自己の未来像イメージ」を持つことができる。盲学校には、視力に障害を有しながら教師として働いている大人もいて、障害からくるさまざまな困難を克服する知恵や工夫を日常的にモデルとして示す。豊かなピアカウンセリングの場ともなる。

あるとき、小学部の児童が授業の一環として資料室の見学にやってきた。「昔はどんなふうにして勉強していたんですか?」とかわいらしい質問が発せられた。「点字がないころは、こんな道具で勉強したんだよ」。木刻文字、紙製凸字などにそっと触れ、レプリカを思う存分なでてみようと呼びかける。

「凸字って、おもしろい! すべすべしてる」は、このときの素直な感想。興味津々の面持ちであった。素晴らしかったのは、「すべすべしてる」と感じとったことだ。本物の凸字の表面がつるつるになっていることを指す。「一〇〇年以上も前の子どもたちが何度も何度もなでて字の形を確かめた」からそうなったんだと説明すると、いっそう驚いていた。

数日後、その子は、「紙粘土凸字」を手作りして資料室に届けてくれた。「学ぶ」喜びが肌から肌へと伝わり、時空を超えてバトンリレーされたのだ。

一方、資料室には中途失明をした成人の見学者もある。かつては、トラホームやトラコーマなどの不衛生に起因する目の病気が多かった。日本ではその克服に成功してきた。反面、超高齢社会の到来とも重なって、進行性の眼病、糖尿病・難病の深刻化に伴う中途失明の増加が指摘され、懸念されている。中年以降の失明は、それまでの仕事や誇りの喪失を招来するだけでなく、リハビリテーションに一通りでない曲折をたどることが多い。

それでも、家族や生活を支え直すために、社会人として復活を果たすために、血のにじむような努力が積まれていく。しかし、中には、長年の労働によって指の皮膚が固くなっているために、点字の触り読みが停滞する人もいる。

そんなとき、資料室に招いてみる。凸字教材の時代を追体験する――点字がどれほど優れた文字であるかを確認する――ことを通じて、点字に向き合う構えを立て直した先輩のことを語り継ぐ。

文字を自由に操り、職業を身につけるために払われた先人（教師と生徒）の情熱に触れることができたとき、「障害を知り、支えよう・乗り越えようとした熱を感じた……」などの感想が表出される。静かな闘志がこの資料室で点火され、再生する。

点字のなかった頃の教材は、限られた盲学校にしか現存しない。四国や近畿の盲学校数校からリクエストをいただき、凸字教具のレプリカや写真を携えて、出前した。徳島県立盲学校を皮切りに、和歌山、滋賀で中学部生や高等部生に「凸字や点字」についての特設授業を行ったのだ。いずれも、新鮮に受け止められたようで、真剣に耳を傾けていただいた。なかでも、徳島の生徒たちは二〇〇八（平成二〇）年、自分たちで「点字の歴史」を調べ、パネルなどに仕立てて百貨店でその成果を発表する展覧会にまでこぎつけた。その会場に駆けつけてみた。「点字への誇り」が新鮮に花開き、多くの市民が点字に接するユニークな機会になっていた。

盲教育の実践を多様な個々の学びに生かす

視覚障害教育の蓄積と、学習障害などのある子らへの支援とが、アプローチの共通性に気づき、互いに浸透しつつある。すでに多数の実践レポートや研究成果が知られる。

- 弱視教育が開発してきた視覚的認知のトレーニングが読み書きの苦手な学習障害児に有効なのではないか。

・視覚障害児・者に読書の機会を広げてきたデイジー図書（デジタル録音）が学習障害児などにフィットしうる。
・ユニバーサルフォントの研究・開発が、弱視者・高齢者などに限らず、すべての子どもにとって読みやすい学習環境をもたらす、などなど。

特別支援教育の対象とされることになった多様な子どもたちの文字学習に、盲唖院資料を含む盲学校の蓄えがどれだけ寄与しうるだろう。紙のうえに二次元的な線を引くのとは異なる機序をもつ三次元化（確かな手ごたえのある立体化）の手法などは、思いもかけないほどの可能性を秘めているのではないかと思えてならない。

現に、鉛筆ではなく、粘土を用いて点画をじっくりと確かめる学習が漢字の定着度を高めるという報告をみかける。学習困難の原因となる障害に違いがあるのだから、共通性だけを強調する段階にいつまでも留まるべきではあるまいが、いっそう踏み込みあった共同研究に期待したい。

横浜市立盲特別支援学校で視覚に障害がある子らの文字指導を飛躍させてきた道村静江氏が、『口で言えれば漢字は書ける！　盲学校から発信した漢字学習法』（小学館、二〇一〇年）などを刊行なさっている。そこにはさまざまな着想が収められているが、筆者は、「部品の組み合わせ学習法」にとくに注目する。その源に、「七十二例法」に共通するエッセンスを感じるからだ。

見えにくい目で複雑な文字を読み書きするのには、困難さもある。同じ字を一〇回も二〇回も書くドリルは退屈であるだけでなく、点画の組み合わせを間違って定着させてしまう結果にもなりかねない。弱視児に対する漢字指導の優れた実践例は、機械的な「繰り返しドリル」に偏ることなく、基本となる「字形」や「部首」をしっかり身につけさせることに意を注ぐ。盲啞院の漢字指導には、すでにその観点があった。「部首」に分けた木刻凸字も作られていた。現在の部首分類とは異なるが、七二タイプにすっきりと分けられて、「七十二例法」と名付けられている。複雑なものを分割することで単純化し、見るにも覚えるにも余分な負担を削って、基礎・基本を確実に習得させせやすくした。

「分けて、単純化する」手法は、立体地図・弱視用拡大地図の作成においても応用されてよい。盲学校とそこにいる教職員は、実践を通じて蓄積したノウハウを広大なフィールドに持ち出していくべきだろう。棒を利用して肩関節の柔軟性を高める〈盲生体操〉や、音や手つなぎを取り入れた〈盲生遊戯〉などをアレンジすれば、新しい体操やゲームを編み出すこともできるだろう。

盲学校は、今ほど子どもの人数が少なくなる前から、通常校に比べれば「少人数」でありつづけてきた。そのため、ある学年のあるクラスで数人もしくはたった一人のために考えた指導案や手作り教具などは、そのまま次の学年・別のクラスに持ち込みづらくなりがちだ。

これが、指導法や教材の蓄積を難しくさせている面もある。一生懸命工夫された遊具や教具が空き教室の隅で埃をかぶっているシーンもあるのではないだろうか。

でも、だからこそ、一例一例をしっかりと記録に残し、保存しておくことに意味がある。その事例が増えれば増えるほど、「どれかが誰かの役に立つ」と期待しうるからだ。自分の試みをレポートにまとめ、内外の研究会で発表することも「継承と飛躍」には必要だ。外部からの批判も受けつつ、共学びの成果を持ち帰ることによって、より高い専門性も磨かれるのだから――。盲学校や弱視教室などの視覚障害教育には、いっそうみずみずしくダイナミックであってほしい。

障害者の生きる社会を問う文化として

権利としての教育、障害に配慮した教育を追い求めて

一八七八（明治一一）年からの一世紀半に近い歳月を通して、教室などで用いるツールが磨かれてきただけでなく、盲学校の存在意義やその形態、障害や社会をめぐる考え方の文化にも変化が紡がれてきた。それは一直線には進まなかったし、自助と公助をめぐる綱引きのように時には後退とも感じられる局面もあった。しかし、大局的には慈善・恩恵と私立依存に偏った学校経営、社会有用論に立った教育目標から、公的責任を明確にした学校づくりと

〈個性〉の伸長や社会参加を追求する場へと盲学校を改革させていった。

東京盲啞学校の小西信八校長は、明治二〇年代に、盲・啞の子どもたちも教育を受ける権利を有することに気付いていた。一九〇一（明治三四）年四月には、東京盲啞学校第一三回卒業証書授与式で「盲啞ノ教育ハ慈善家好事家ノ道楽事業ニアラス盲啞モ均シク国民教育ヲ受クル権利アル」と明確に言い切った。その権利意識が天賦人権論に立ったものであったかどうかは吟味も要するが、「義務化」や「権利の平等性」を志向した点で進歩的なものであった。

小西は、一八九六（明治二九）年から二年間、欧米の障害児教育を視察した。京都府立盲学校資料室には、ドイツやフランスの盲学校・ろう学校で小西が入手し、鳥居嘉三郎院長に宛てて送付した各国の年報や出版物が多数保存されている。小西から学び、自らの経験を研ぐ営みを通じて、京都市立盲啞院も矢継ぎ早に、〈盲・啞分離〉や〈義務化〉の実施を京都市などに求めていった。『創立弐拾五年紀念京都市立盲啞院一覧』（一九〇三年）には、次のように整理されている。理念だけでなく、具体案が準備されて、水準が高い。

以上本院創立ヨリ二十五年間ノ沿革史ヲ閲シ其進歩発達セシ所以ヲ尋ルニ一トシテ平素本院ニ深キ同情ヲ寄セラレタル諸賢ノ賜ニ外ナラズ諸賢ノ厚意ハ本院ノ永久忘ル、能ハザル所ナリ今本院ハ諸賢ニ謝スルト共ニ益進テ斯道ノ改良拡張ヲ計リ以テ其完成ヲ期セントス希クハ諸賢益同情ヲ垂レ本院ノ企図ヲシテ漸次遂行セシメラレンコトヲ今其梗概ヲ左ニ掲ケ以テ参考ニ供ス

一　本院盲唖ノ教授ヲ分離シテ訓盲学校、聾唖学校ノ二校トナスコト

視覚ヲ欠損シテ聴覚等ニ憑ル者ト聴覚ヲ失フテ視覚ニノミ憑ル者トハ絶対的反対ノ地位ニ在ルモノナリ然ルニ之ヲ仝一所ニ収容シテ教育スルハ実ニ非理ノ極ナリ此非理ナルコトハ教員生徒共ニ日々実際ニ経験スル所ニシテ実ニ非常ノ困難ヲ感セリ故ニ盲唖ヲ分離シテ訓盲学校ト聾唖学校ノ二校トスルコトハ教育上現下ノ尤モ急務ナルモノナリ

一　盲唖両校ニ各幼稚園ヲ設ルコト〔以下、補足の説明は略〕

一　現在ノ各学科ノ上ニ更ニ高等ノ学科ヲ設クルコト

一　聾唖発音教室ヲ別ニ設置スルコト

一　木工科ヲ実施スルコト

一　盲唖トモ修学旅行ヲ実施スルコト

一　給費生ヲ置キ学資欠乏ノ盲唖生ヲシテ就学セシムルコト

一　聾唖卒業生保護会ヲ設クルコト

一　生徒数増加ノ傾向アルヲ以テ教室寄宿舎運動場教具其他ノ教育設備増加必要ノコト

ここでは、「盲唖院の一二五年を振り返って、日ごろ支援してくださった皆様に感謝し、この教育をいっそう改善・拡張していきたい」として、次なる計画を打ち出している。第一に、盲学校とろう学校への分離を挙げ、それを最も急務だと位置づけた。他には、早期教育を行う幼稚園や高等学科を置くこと、寄宿舎や運動場の拡張、さらに学資を支援して就学を保障することなどを列挙し、関係者への理解を要請している。

鳥居嘉三郎院長は、一九〇五（明治三八）年に『京都市立盲唖院ヲ盲生并ニ聾唖ノ二部ニ分離スルノ儀上申』を京都市に宛てて提出した。

盲ト唖トハ元来同ジキ生活ヲ有スル一体ノモノニ無之一ハ視覚ノ世界ニ居リ一ハ聴覚ノ世界ニ在ルガ如キ状態ノモノニシテ全然其性情ヲ異ニスル事ハ申迄モ無之従テ之レヲ教育スル方法手段亦全然相異ナルベキハ理ノ当然ニ有之候已ニ性情ヲ異ニシ方法ヲ異ニスル以上ハ之レヲ同一ノ場所ニ於テ教授スベカラサルコトハ無論ノ義ト被存候

これを、障害の種別が違えば分かりあえないとする決めつけのように解釈するのは正しくあるまい。教育実践の上で、障害の特性、指導方法の違いなどを的確に理解する必要があること、その観点で学校をデザインすべきだという主張であった。

同じ年の一〇月二五日付『京都盲唖院日誌』には、「女学校の運動会に招かれ、共同と競争す」と記録されている。唖生四人が第一高等女学校の運動会に参加したのだ。共同教育の源流も創出されていた。日誌には、「聾唖教育カ普通人教育ト近接シタル兆候」と書き添えられている。「共同」と「競争」がセットになっているのは、教員の心意気だけでなく、不安も投影されたのだろうか。卒業後の社会的な統合も、職業教育を通して叶えつつはあったが、盲唖院を卒業しても大学の受験資格は与えられなかった。

鳥居嘉三郎は一九一三（大正二）年に、盲唖院の卒業生たちの行方を次のように分析して、京都盲唖保護院の開設に着手した。「〔卒業生たちは〕常人の間に交はるに於ては優勝劣敗の原則に余儀なくされて勢い零敗者となるの恐れあるのみならず〔中略〕堕落の淵に沈淪し再び取返しの付かざる境遇に陥る者も少なしとせざるの有様なり」というのだ。社会の現実への透徹した眼差しがあった。鳥居は「欧米の文明国に在つては盲唖教育に伴なふに卒業後の保護機関即ち授産場の如きを設け」「彼等の共同作業場を設くべく寄宿舎と工場とに併せ用ゐ得る建物の選択中」だと、『京都日出新聞』（三月一四日付）が報じている。京都盲唖保護院は、その翌年に二条城と三条通の間で操業した。「共同作業所」や「授産施設」のルーツも鳥居の時代が先取りしていたわけである。

「盲・唖分離」と「義務化」、二つの悲願が叶うのは、一九四八（昭和二三）年であった。その春四月五日の『点字毎日』は、社説でそれを祝した。

従来の就学率九九パーセントなるものは健康児のみを対象としたもの、すなわち、放任しておいても、その気さえあれば独学も出来る健全な健康児には、さらに手厚い国家の援助が与えられたに反しかえつて薄幸な盲聾不具児童には、何ら教育上の保護も加えられず、あまつさえメクラ、ツンボと迫害されて来たのである。就学適齢期に達したかれらを義務教育から閉め出しておいたことは機会均等どころか、むしろ人道問題であつた。

かれらが、こうした不遇に泣かされて来たのは、教育が富国強兵策と直結されていたからにほかならず、不具廃疾者は教育してやつても国家の役には立たないとの観点によつたものと思われる。こうした考え方のなかなかぬぐいきれぬことは現状が明示している。二十一年ほぼ決定した義務教育が二十二年を無為に見送り、本年四月から、ようやくその第一学年が発足することになつたわけだ。〔中略〕

現在、全国に百四十九校、教職員千二百名を持つ規模の機関となるに至つている。〔中略〕従来の教育内容、水準は、機能障害と極端な個人差のために極めて低いものであつて、制度および施設のみならず教育方法とその内容も大いに改善されなければならない。〔後略〕

こうして、視覚障害乳幼児教育・重複障害者教育・高等部教育の開始と充実、進路・職域の拡大など、打開すべき新たな挑戦が始まっていった。一方で、就学猶予・免除の対象とされた肢体不自由者、病弱者、知的障害者などは置き去りにされた。行政だけでなく、盲・ろう教育に関係した人々も反省すべきであったと言えよう。

「排除と動員」の時代が考えさせる社会参加

一九〇六（明治三九）年の三校長による文部大臣への建議とそれを端緒にした全国盲・唖学校関係者による要望活動は、一九二三（大正一二）年の「盲学校及聾唖学校令」制定をもたらした。しかし、国家予算の裏付けを欠いて道府県に委ねる中途半端なものであったため、盲・唖分離も義務化も不徹底な結果に止まった。戦時下にあっても、帝国盲教育会などが粘り強く国に向けて求め続けたが、結局、これらの実現は、戦後まで延々と引き延ばされることとなった。

十五年戦争期の史実としては、森清克帝国盲教育会長が「盲教育ノ完成ニ就イテ」（『盲教育』第六巻第九号、一九三四年）の中で、「〔前略〕盲人教育ハ遅々トシテ振ハス今猶公立ノ盲学校ノ設置ナキ府県ハ一道一府九県ニ及ビ盲児童ノ就学歩合ハ僅カニ二十三パーセントニ過ギサル有様ナリ、此ノ原因ハ種々アリト雖モ未ダ、就学義務制度ナク、貧困児童ノ学資補給ノ道完備セズ且ツ為政者ヲ始メ一般国民ノ盲教育ニ対スル理解ト認識ニ乏シキ結果ナリト認ム、此処ニ於テ本会ハ会員諸氏ト共ニ協力一致シテ曩ニ盲唖教育令発布促進運動ノ際吾人モ大ニ警戒セラレタルガ如キ既ヲ以テ憤然立ツテ政府ニ之レガ促進ヲ建議請願スルト共ニ一大世論ノ喚起ニ努メ理解ト同情ヲ求ムルコトガ最大ノ急務ナリ、然ルニ盲唖教育者中ニハ口ニ筆ニ消極的態度ヲトルモノアルモ此ノ非常時ハ決シテ一二年ニテ終了スベキモノニアラズ、尚ホ二十億以上ノ国家財政ノ上ヨリ考察スレバ吾人ノ要求スル盲唖教育費ハ実ニ僅少ナルヲ以テ非常時ノ解消ヲ待ツ迄モナク〔後略〕」と述べている。盲唖分離・義務化は、実施可能だし、すべきものだと喝破していたことに注目したい。

戦時下の教育施策、盲学校などの学校経営、授業内容、学校行事などはどうであったか。必ずしも十分に記録・解明されてきたとは言えない。全国の盲学校・盲唖学校の学童疎開や空襲被害、校地への防空壕・防空監視施設の建設、創立者の銅像の供出などなど、すでに散逸してしまった資料が多いと推測されるが、できるだけ発掘し、当時を知る卒業生などの証言を記録に残しておく意義も、改めて確認したい。

盲・唖分離や義務化が先送りされ続けたのは、森清克会長の主張を軍備優先の国策がはねのけてのことだった。戦争政策は、「戦の役に立つか立たないか」で人間を選別した。「役立たず」として障害者を圧迫しつつ、「ゼロ戦献納募金」や「あん摩奉仕・音楽報国」に盲生たちをまで動員した時代であった。

一例として、一九四三（昭和一八）年七月二日に京都府立盲学校で行われた満州建国大学教授の講演を抄出しよう。

すなわち今日国家非常の時に際してもあなた方は少年航空兵にもなれず、潜水艦にものれず、直接召に応じて出征することができない身の上であります。〔略〕国家のかってなき重大なこの時において、目のご不自由なあなた方は一体どういう態度で生活されたらお国のためになるのでありましょうか。〔略〕義勇隊の少年たちとか、または飛行機上に敵と体あたりをして散ってゆく同年輩の青年、そうした人々と自分をひきくらべてみて、目の不自由からくる身の至らなさに思いを致されなければなるまいと思います。〔略〕私は、たとえ目は不自由でもしようと思えば誰にでもできる盲人としての心得の二三〔略〕を話してみたいと思うのであります。

このようにして、目の見えない生徒は言葉で追い込まれ、「国への感謝」「不平を言わない」「身のまわりのことに人手を煩わさない」などの教えを注入されたのだ。排除と包摂の両面で読み取れるゆがみを、繰り返してはなるまい。

「障害者」とそうでないといわれる人を対立させ、そのうえで「両者」を国策で圧し潰すような平等でなく、互いを理解し、支えあいながら、のびのびと自己実現を図っていける社会を志向したい。平和こそが、障害者の暮らしや学び、みんなの健康やいのちを守る最大最強の土台であることも、歴史から導き出しておきたい。

主体者は誰かということをめぐって

現在、世界で流布し、それぞれの国の文字を表している点字の創始者ルイ・ブライユ（一八〇九－一八五二）は盲目だった。幼い頃に事故で失明し、パリ訓盲院に入学してシャルル・バルビエの十二点点字に出会った。彼はそれがアルファベットの凸字よりも触読に便利だと認めつつ、書くにも読むにも点の数が多すぎることなどに不便を感じた。そこから、六点にシェイプアップした点字を作った。彼自身が「見えない」当事者であったこと、「楽譜を書きたい・文字を書きたい」という熱い願いの持ち主であった。こと、それが研究と考案の原動力となった。

イギリスで、盲人用の文字として凸字や点字のどれを選ぶかを検討する会議が行われた際、トーマス・アーミテージ（一八二四－一八九〇）は「盲人に対する最善なるものの唯一の審判者は盲人でなければならない」という基準を立てた。アーミテージ自身が中途失明の研究者だった。『盲人の教育と職業』を著し、イギリスの盲人団体を結成した。検討の結果、ルイ・ブライユの六点点字が全員一致で選択されたという。

東京盲唖学校における「ブライユの点字」を日本語にどう当てはめるかに関する研究は教師・生徒の共同で進められた。入口の段階で小西信八が提示したアルファベット点字を読み取ったのは、盲生の小林新吉であった。石川倉次、遠山邦太郎の他に、奥村三策、伊藤文吉、室井孫四郎が研究に加わったが、この三人が視覚障害当事者として発案や議論に貢献したことの意義を確認しておきたい。

戦前・戦後を通じて、日本点字の表記法や指導法の研究を牽引した一人は、京都市立盲唖院を卒業し、後に京都ライトハウスを創立する鳥居篤治郎であった。鳥居は、「点字良心(Braille conscience)」を唱えた。「文字や符号を正確に、そしてマスあけを正しく、能率は後廻しにしてご勉強願いたい」という意味である。誤った点字を生徒に与えてはならないという教えであり、誤った点字を読みたくないという当事者としての切実な思いが込められている。

点字には、目の見えない人々の、「読みたい・書きたい」願いがこめられている。自由な記録、伝達、表現、読書に不可欠であった。凸字から点字への道を切り開いたことによって、学びの質が飛躍した。大正時代には、全国の盲人たちが連携して選挙における点字投票の公認を目指す運動を成功させた。男性だけという時代的な制約はあったが、世界で初めての点字投票を実現させたのも当事者たちだった。点字が、視覚障害者の社会参加を裏付け、人間としての尊厳を確保させた。

日本の盲学校・盲唖学校の創立者は、日本人・外国人、宗教家・教育者、行政職・民間人など多彩である。当道座で高位にあった元検校等、京都盲唖院や東京盲唖学校の卒業生、市井の中途失明者などの中にも、盲学校を開校させ、経営や指導に従事した人が多数にのぼった。学ぶ機会もなく、苦しい生活を余儀なくされている同胞を苦境から救い出したいという切迫した思いがあった。周囲の人々をひきつけ、共感を組織する力も発揮したのだろう。

本書で、日本盲人会の結成を重みのあるできごととして描いたのも、当事者が教育を通じて自分たちのかかえる課題を自覚し、その処方箋を書き、打開のために自ら声を発して行った足跡に着目したからである。

話をもう一度、現在の学校に戻せば、「学びの当事者」は幼児・児童・生徒である。盲学校の場合も、それは同じ。見えない・見えにくい・見えないだけではなく、視覚のほかにも障害をかかえた子どもや成人が学びの場で感じる困難や喜び、それをそっと伝える小さな言葉に細やかなアンテナをかざすことのできる職員室でありたい。木刻文字が、凸・凹の両面用意されたように、一人ひとりの学びやすさを丁寧に探し当てる教員でありたい。

さまざまな事情から、盲学校現場には文化の伝承が細りつつある。それを補って余りある情報としての輝きを、資料室の宝物の一点一点が内包している。京都府立盲学校には、重要文化財指定以外にも、それに匹敵する史資料が豊富に残されていることも紹介しておきたい。代表的なのは、創立者・古河太四郎や第二代院長・鳥居嘉三郎の遺族、第一期入学生の遺族などから寄贈された書類や品物、唖生の作品（絵画や桑の箪笥）である。

「京都盲唖院関係資料」は、わが国の視覚障害教育にとって〝生きたアーカイブス〟でなければならない。過去を懐かしみ、その輝きを称えるだけでは、それを活かせない。今日的な素材や技術に基づく教材・教具の中にそれが生きていること、先達の知恵や創意の中には我々が及ばない高みもあったことなどを知り、指導法や教育条件をいっそう改善するうえでの参考としたい。

ちなみに、グーグル社は二〇一五年三月二七日に、古河太四郎生誕一七〇年を記念するロゴ（Doodle）をインターネットに公開した。グーグルの検索画面に、古河の考案になる木刻文字や指文字が美しいアニメーションとして表現されている。筆者はその制作に協力する機会を与えていただき、古河の仕事の普遍性や先見性について改めて考えさせられた。

〈百年後〉へのメッセージ

盲教育・視覚障害教育は、時期に応じたさまざまなテーマに出会ってきたが、どの時代にも普遍的に問われ続けてきた、いくつかの課題があった。「どんな人間像を目指すのか」「職業教育・キャリア教育をどう組み立てるのか」「学校と社会との関係をどう構築するか」がその軸だった。盲学校に就学する子どもの減少、社会の情報化や国際化、障害の捉え方をめぐる〈社会モデル〉の登場、障害者差別禁止法の制定などに直面し、道のりは容易でないが、視覚に障害がある人々を取り囲む「障壁」を取り除くための社会的な努力を継続していく過程で、京都盲啞院以来の当事者の知恵が

古河太四郎生誕170年を記念するDoodle（グーグル社）2015年3月27日のロゴ（https://www.google.com/doodles/tashiro-furukawas-170th-birthday）

なんらかのヒントとして立ち現れるのではないかと予感できる。そのためにも、当事者を軸に、家族、教職員、行政、医療・福祉・文化分野、地域住民、ボランティアなどが深々としたつながりを築き、率直に語りあい、支えあっていくべきだろう。その営みを見通したとき、ぜひ紹介しておきたいのが、ある「タイムカプセル」だ。

それは一九七九（昭和五四）年、盲聾教育百周年記念事業の一環として全国盲学校長会が作り、京都府立盲学校に保存を委託したものである。現在、校長室に保管されているタイムカプセルだ。これに添えられたメッセージ全文を書き写して本書を締めくくりたい。

百年後の視覚障害教育担当者へおくるメッセージ

いまから数えて百年の後に視覚障害教育を担当されている方々に対し心からの親愛をこめて、このメッセージをおくります。

全国盲学校長会が盲教育創始百年を記念して行ったこの「タイムカプセル事業」は、わが国の盲学校教育の現状と実態を多角的に把握し各分野、領域毎に集めた資料を収納して毀損することなく、これを百年の後に伝えようとするものであります。

あなた方が百年の後にこれを開披されて、今日の盲学校教育の姿を、より克明にまた正確に御理解くださることを願ってやみません。さらにこれがあなた方のお仕事の上に少しでも役立つことがあれば望外の喜びであります。

私共は「温故知新」を生活の信条とし、つねに先人の業績をたずねてその中から多くを学びとってきました。このたび盲教育創始百年を記念する事業の選択にあたり、全会員が期せずしてこの「タイムカプセル事業」を志向したのも、こうした考えに基くものであり、また先人の貴重な研究成果の散逸に苦渋を味わってきたからであります。

私共は幾度となく討議を尽くし、各地区毎に分野領域を担当して資料を選択し収納の作業にあたりました。しかし、作業日数及び割当容積の制限もあって自己満足できる仕上がりとはなりませんでしたが、どうぞ意のある所をおくみ取りください。

ところで百年の時の流れのかなたには私共のメンバーは誰一人としてこの世にはいません。またその時に盲学校という教育機関が存置されているものか、盲学校長会の組織が存続されているものか、すべて私共の予測をこえたものです。しかしながら視覚障害者が存在する限りこの人たちへの教育の道が豊かに開かれていることを信じて疑いません。百年の後より崇高な理念のもとに、優れた理論と技術で整備された視覚障害教育の姿を思い描くとき胸のときめきを覚えずにはいられないのです。それだけに創始以来百年の風雪を歩みおえたこの教育を赤裸々にお伝えするのが私共の務めであると考えた次第です。

視覚障害者に限りない愛情をそそぎ、その幸せと自立のために全力を尽くす。これが百年前から今日まで変ることのない盲学校教師の使命であり倫理でありました。百年後もそうであることを信じ、みなさん方の御健闘を願ってやみません。

終りにこの事業のために各盲学校の多くの教職員が献身的に協力したことと、京都府立盲学校の絶大な配慮があったことを申添えておきます。ではあなた方とあなた方の教え子たちの御多幸をお祈りして筆をおきます。

◎参考文献

大河原欽吾『点字発達史』培風館、一九三七年
岡本稲丸『近代盲聾教育の成立と発展——古河太四郎の生涯から』NHK出版、一九九七年
木下知威「盲・聾の空間——京都盲唖院の形成過程」学位授与論文、二〇一〇年
下田知江『盲界事始め』あずさ書店、一九九一年
鈴木力二編著『図説盲教育史事典』日本図書センター、一九八五年
東京盲学校編『東京盲学校六十年史』東京盲学校、一九三五年
中野善達・加藤康昭『わが国特殊教育の成立』東峰書店、一九六七年
中村満紀男編著『日本障害児教育史［戦前編］』明石書店、二〇一八年
盲聾教育開学百周年記念事業実行委員会編集部会編『京都府盲聾教育百年史』盲聾教育開学百周年記念事業実行委員会、一九七八年
文部省『盲聾教育八十年史』文部省、一九五八年

◎関連拙稿

「盲・聾分離をめざした苦闘・90年」第84回全日本盲学校教育研究大会研究発表『視覚障害教育の今後を考えるための史資料集』所収、二〇〇九年
「伝えてみたい、「専門性」につながる言葉たち」全日本盲学校教育研究会『視覚障害教育』第一〇八号所収、二〇一〇年
「盲学校における点字教育の過去・現在・未来」広瀬浩二郎編『万人のための点字力入門——さわる文字から、さわる文化へ』所収、生活書院、二〇一〇年
「歴史の手ざわり・もっと！」『点字毎日』毎日新聞社点字毎日部連載、二〇一一－二〇一九年
「教育権の獲得をめざした盲〈ろう〉教育の分離・義務化運動」二通諭・藤本文朗編『障害児の教育権保障と教育実践の課題——養護学校義務制実施に向けた取り組みに学びながら』所収、群青社、二〇一四年
「京都府立盲学校資料室」学校・施設アーカイブズ研究会『学校・施設アーカイブズ入門』所収、大空社、二〇一五年

京都盲唖院関係資料　重要文化財指定番号一覧（二〇一八年一〇月三一日現在）

第1章

槇村正直書扁額「日本最初盲唖院」〈書跡・器物類23〉
古河太四郎写真〈写真・フィルム5〉

第2章

1 文字を知る――点字以前

（盲生背書之図）盲生背書之図〈教材・教具類3〉
（木刻凹凸文字）木刻凸字（小・大）〈教材・教具類10・11〉
（知足院の七十二例法）本朝通用七十二例木刻〈教材・教具類12〉
（紙製凸字）凸字紙〈教材・教具類15他〉
（盲目児童凸文字習書）盲学凸文字習書（凸字）〈凸字・点字資料3〉
（蠟盤文字）蠟盤文字〈教材・教具類31〉
（自書自感器）自書自感器〈教材・教具類32他〉
（表裏同画記得文字）表裏同画記得文字〈文書・記録類19〉『明治十二年諸伺』
（墨斗筆管）墨斗・指頭筆〈教材・教具類28〉／山口菊次郎色紙〈生徒作品6〉

2 読み書き

（凸字イソップ）伊蘇普物語（凸字）〈凸字・点字資料5〉
（凸字『療治之大概集』）療治之大概集（凸字）〈凸字・点字資料9他〉
（盲生鉛筆自書の奥義）『京都府盲唖院出品説明書』〈文書・記録類61〉
（盲生の鉛筆習字）小畠てつ自筆作文〈生徒作品1他〉
（訓盲雑誌）訓盲雑誌〈凸字・点字資料32・33〉

3 数を計る

（盲人用算木）代数器（算木盤）〈教材・教具類64他〉
（盲人用算盤）盲人用算盤（半珠式）〈教材・教具類86他〉
（手算法）盲生手算法図〈教材・教具類1〉
（さいころ算盤）古川式計数器（サイコロ）〈教材・教具類63〉
（マルチン氏計算器）マルチン式計数器（コマ・盤）〈教材・教具類84・85〉／ガラン式計数器（盤・コマ）〈教材・教具類68他〉
（テーラー式計算器）テーラー式計算器（盤・ピン）

〈教材・教具類73他〉

④世界に触れる――地理

（立体地球儀）レリーフ地球儀〈教材・教具類１０１〉

（凸形京町図）京都市街之図〈教材・教具類１００〉

（針跡地図ほか）針跡図〈教材・教具類１０８他〉／地図石盤模型〈教材・教具類１３１他〉／ＥＵＲＯＰＥ（凸地図）〈教材・教具類１１７〉／白墨地球儀〈教材・教具類１０２〉

⑤力と技を身につける――体育・音楽・職業訓練

（盲生遊戯図・体操図）盲生遊戯図〈教材・教具類２〉／盲生遊戯並体操図〈教材・教具類５〉

（オルガン）リードオルガン〈教材・教具類１６６〉

（職業教育）琵琶〈教材・教具類１６７・１６８〉／箏〈教材・教具類１７２他〉／紙撚細工〈生徒作品24他〉

（按摩機）按摩器械〈教材・教具類１５５他〉

⑥点字の導入

（盲唖院への点字の導入）試験書類綴込（卒業生答辞）〈文書・記録類１２９〉

（ステレオタイプメーカー）ステレオタイプメーカー〈書跡・器物類16〉

（ルイ・ブライユ石膏像）ルイ・ブライユ肖像レリーフ〈書跡・器物類54〉

⑦学校づくり

（盲生教場椅卓整列図）盲唖教場椅卓整列図〈教材・教具類４〉

（ろう教育史料）ベル来院記〈文書・記録類２２１〉／京都市立盲唖院鳥瞰図〈生徒作品41〉

（聾盲社会史と検校杖）検校杖〈書跡・器物類45〉／聾盲社会史〈典籍・教科書類41他〉

（受恵函）受恵函〈書跡・器物類39〉

口絵（上記以外のもの）――

（i頁）待賢尋常小学校（「写真帖　盲唖院関係」より）〈写真・映画フィルム27〉

（ii頁）熊谷伝兵衛〈写真・映画フィルム26〉／小西信八・古河太四郎・鳥居嘉三郎（「写真帖　盲唖院関係」より）〈写真・映画フィルム27〉／鍼按の授業風景〈指定外〉

（viii頁）点字大定規〈教材・教具類37〉／点字盤〈教材・教具類43〉／模擬投票用点字盤 教材・教具類38〉／IDEAL BRAILLE WRITER〈教材・教具類53〉／岡藤園「山茶花とメジロ図」〈指定外〉

あとがき

一九七四年に新規採用の教諭として京都府立盲学校に着任した。退職後の現在も非常勤講師として勤務させていただき、在籍はおよそ四五年に及んだことになる。

勤め始めて間もなく、創立一〇〇周年を迎えた。すぐ後に養護学校の義務制が実施されたり、国際障害者年（一九八一年）の取り組みが続いたりした。時代の変わり目を多少とも意識させられた。

若い頃は、資料室を担当なさっていた水野サダ子先生や諸先輩から主に口伝えに「京盲」史を授けられた。一九八〇年代に、少しばかり資料に興味を持ったが、限られたテーマの範囲を超えることはなかった。

二〇〇〇年を迎える頃から、資料室を担当するようになり、京都盲唖院日誌の翻刻などを授業の合間に続けた。退職後、各地の同好の士とともに日本盲教育史研究会を結成し、資料の発掘や保存に携わるようになった。近年の私には、京都盲唖院の時代を生きた人びとの孫、ひ孫の皆様との交流が広がっている。

今日では当たり前のように語られる「教育を受ける権利」とか「共同作業（所）」といった言葉についても、前者は明治期に小西信八が唱え、後者は大正初めに鳥居嘉三郎が具体的に使っていたことを知り、過去の言説と実践の高みに驚かされた。教材・教具に関しても、点字以前の時期を中心に創出された逸品が実は今も通用すると気づかされることが多かったし、使い方や由来の分からない教具について文献資料を捜して隠れた価値を明らかにしたいという思いが強まった。なにより、資料室に訪れてくれる子どもたちに、歴史をもっと正確に分かりやすく伝える力を身につけたかった。

二〇一一年四月からの三年間、社会福祉法人東京ヘレン・ケラー協会が発行する『点字ジャーナル』誌に「48㎡の宝箱――京盲史料ｍｏｎｏがたり」というタイトルで連載したのが本書の基盤である。出版を快諾してくださった同誌編集部に心から感謝申し上げる。

二〇一七年からの二年間に及ぶ調査を経て、「宝箱」の中味が「国の重要文化財」に指定された。新しい発見や気づきを反映させるため元の文章に手を加えた部分があるし、第1・3章は新たに書き下ろした。資料室を介して交流させていただいた研究者諸賢の知見に刺激を受けた。第3章の「盲啞院・盲学校が育んだ文化」には、二〇一一年度（公財）「日教弘教育賞」奨励賞受賞論文「「日本最初盲啞院」教材の手ざわり――今、生かしたいその英知」からの引用を含むことをお断りしておく。

京都盲唖院の創立から一世紀半を経て、日本の斯界は特別支援教育の時代に入っている。そのいわば源流から迸《ほとばし》り出るものを読み取っていただければ幸いである。その意味で、古河太四郎を現代へ受け継ぐべくその価値を見出してくれたグーグル社のDoodleを紹介できたことも喜んでいる。

歴史と現在、さらに未来を創出するため、いっそうの研究が期待される。そのためにも、保存環境の整備、文書・写真・音のデジタル化に力を尽くさねばならない。「京都盲唖院関係資料」が世界の盲教育史研究に位置づく日にも備えたい。

出版にあたり、懇切に導いてくださった明石書店と編集者の吉澤あきさんに心から感謝する。京都府立盲学校資料室の関係者とそこで出会った児童生徒をはじめとするすべての方や、長年の勤務を支えてくれた家族にも。

二〇一九年六月

岸　博実

初出一覧

第1章・第3章　書き下ろし

第2章　東京ヘレン・ケラー協会『点字ジャーナル』第四九一～五二六号（二〇一一年四月～二〇一四年三月）掲載の「48㎡の宝箱――京盲史料ｍｏｎｏがたり」をもとに加筆・修正

著者略歴

岸　博実（きし・ひろみ）
1949年、島根県生まれ。広島大学教育学部卒業。京都府立盲学校教諭をへて、現在、京都府立盲学校・関西学院大学・びわこ学院大学非常勤講師。2012年より日本盲教育史研究会事務局長を務める。
主要著書・論文に、『万人のための点字力入門』（共著、生活書院、2010年）、『障害児の教育権保障と教育実践の課題』（共著、群青社、2014年）、『学校・施設アーカイブズ入門』（共著、大空社、2015年）、「盲・聾分離をめざした苦闘・90年」（第84回全日本盲学校教育研究大会研究発表『視覚障害教育の今後を考えるための史資料集』2009年）、「日本盲教育史の独自性と普遍性」（*Histoire de La cécité et des aveugles*, Fondation Singer-Polignac, 2013）、「歴史の手ざわり・もっと！」（『点字毎日』連載、毎日新聞社、2011-2019年）などがある。

視覚障害教育の源流をたどる
——京都盲唖院モノがたり

二〇一九年七月三一日　初版第一刷発行

著　者——岸　博実
発行者——大江道雅
発行所——株式会社 明石書店
一〇一-〇〇二一 東京都千代田区外神田六-九-五
電話 〇三-五八一八-一一七一
FAX 〇三-五八一八-一一七四
振替 〇〇一〇〇-七-二四五〇五
http://www.akashi.co.jp
装　丁——明石書店デザイン室
印刷・製本——モリモト印刷株式会社

（定価はカバーに表示してあります）

 ISBN978-4-7503-4868-1